Muttersprache plus

7/8

Leseheft
Freundschaft

Erarbeitet von
Sabine Mähring

Illustriert von Christiane Grauert

Cornelsen

Textquellenverzeichnis

S. 6–7 Elke Reichart: Ein Blick in die Geschichte. Aus: Dies.: Gute Freunde, böse Freunde. Leben im Web. Deutscher Taschenbuch Verlag, München 2011, S. 50 f. **S. 8–10** Bo Carpelan: Die kleine Hölle. Aus: Ders.: Julius Blom oder Der Bücherwurm ist eigentlich der schönste Vogel. Übersetzt v. Brigitta Kicherer. Anrich Verlag, Kevelaer 1989. **S. 13–17** Susan Kreller: Schneeriese. Carlsen Verlag, Hamburg 2014, S. 10–12. **S. 19** Hilde Leiter: Gedanken einer Schülerin. Aus: Gedichte-Kartei. Edition MoPäd. Persen Verlag GmbH, Horneburg 2004. **S. 22–23** Florian Schwinn: Wie wir auf den Hund kamen. Zitiert nach: www.zdf.de/nachrichten/heute/der-hund-der-erste-freund-des-menschen-100.html [Abruf: 30.04.2021]. **S. 25–27** Antoine de Saint-Exupéry: Der kleine Prinz. Übers. v. Grete und Josef Leitgeb. Karl Rauch Verlag, Düsseldorf 1956, S. 50 ff. **S. 28** Bertolt Brecht: Freundschaftsdienste. Aus: Ders.: Gesammelte Werke in 20 Bänden, Bd. 9. Suhrkamp, Frankfurt a.M. 1967. **S. 30** Marlene Dietrich: Freundschaft. Zitiert nach: http://zitate.net/freundschaft-zitate?p=5 [Abruf: 25.05.2021]. **S. 39–41** Ingo Leven: Virtuelle Freunde enttäuschen. Zitiert nach: https://we-like.com/virtuelle-freunde-enttaeuschen/ [Abruf: 25.05.2021]. **S. 42–47** Friedrich Schiller: Die Bürgschaft. Aus: Sämtliche Werke. Hrsg. v. G. Fricke und H. G. Göpfert. Carl Hanser Verlag, München 1962. **S. 47–48** Andreas Fiedler: Inhaltsangabe zu „Die Bürgschaft". Zitiert nach: https://www.friedrich-schiller-archiv.de/inhaltsangaben/schiller-die-buergschaft-inhaltsangabe-interpretation-und-quelle/3/ [Abruf: 25.05.2021]. **S. 51–55** Joanne K. Rowling: Harry Potter und die Heiligtümer des Todes. Übers. v. Klaus Fritz. Carlsen Verlag, Hamburg 2007, S. 320–322, S. 378–388.

Redaktion: Annika Wiedemann, Leipzig
Illustrationen: Christiane Grauert, Milwaukee/Wisconsin (USA)
Umschlaggestaltung: werkstatt für gebrauchsgrafik, Garding
Umschlagillustration: Dorina Tessmann, Berlin
Layoutentwicklung: werkstatt für gebrauchsgrafik, Garding
Technische Umsetzung: Straive

www.cornelsen.de

Dieses Werk berücksichtigt die Regeln der reformierten Rechtschreibung und Zeichensetzung. Bei den mit [R] gekennzeichneten Texten haben die Rechteinhaber einer Anpassung widersprochen.

1. Auflage, 1. Druck 2022

Druck: AZ Druck- und Datentechnik GmbH, Kempten

ISBN 978-3-06-063372-2

PEFC
PEFC/04-31-2260

PEFC zertifiziert
Dieses Produkt stammt aus nachhaltig bewirtschafteten Wäldern und kontrollierten Quellen.
www.pefc.de

Muttersprache plus

7/8

Leseheft

Freundschaft

Lösungen

Illustration: Dorina Tessmann

Cornelsen

Seite 7

1 Das könnte deine Lösung sein:
Die Nutzfreundschaft ist eine Beziehung, die aufgrund eines gemeinsamen Ziels oder Zwecks eingegangen wird.
Die Lustfreundschaft ist eine Beziehung, bei der nicht die Persönlichkeit der Freundin oder des Freundes geliebt wird, sondern das Vergnügen, das sie/er einem bereitet.
Die Charakterfreundschaft ist die wertvollste Freundschaft, denn die Freundin oder der Freund wird nicht geschätzt, weil sie/er nützlich oder spaßig ist, sondern wegen ihres/seines Charakters.

2 So könntet ihr vorgehen:
Tausche dich zunächst mit einer Lernpartnerin / einem Lernpartner aus.
Eure Erfahrungen tragt ihr dann im Anschluss in der Klasse zusammen.

3 Das solltest du beachten:
Vergiss die Anrede und die Schlussformel nicht!

Seite 10

1 Diese drei Textstellen könntest du anführen:
- Julius macht sich Sorgen und fragt sich, wie Langlasse wohl zurechtkommt. (S. 8, Z. 22–23)
- Julius sagt zu Langlasse, dass er langsam machen soll und das Ziel bald erreicht ist. (S. 9, Z. 42)
- Julius schlägt vor, den Lehrer glauben zu lassen, dass sich Langlasse verletzt hat. (S. 9, Z. 60)

Seite 11

2 Das könnte mit dem Titel gemeint sein:
Für die beiden Jungen ist der Skifahrwettbewerb so schlimm, dass sie das Gefühl haben, in der Hölle zu sein. Allerdings leiden sie nicht zu sehr, weshalb sie diese nur als „kleine Hölle" empfinden.

3 a Das könnte Julius gemeint haben:
Sport würde viel mehr Spaß machen, wenn man ihn ohne Konkurrenz betreiben könnte und es nicht immer darum ginge, wer die/der Beste und die/der Schnellste ist.

b Ihr könnt die Argumente, die für oder gegen einen Wettbewerb im Sport sprechen, in der Klasse an der Tafel sammeln.

4 a So könnte deine Beschreibung lauten:
Die beiden Jungen schnallen zunächst ihre Skier ab, um den Hang leichter hinabzukommen. Kurz vor dem Ziel ziehen sie die Skier wieder an und Langlasse lehnt sich auf Julius' Schulter, um dem Lehrer vorzuspielen, dass er sich verletzt hat und nur unter Schmerzen das Ziel erreicht.

b So könnte deine Lösung lauten:
Der Lehrer lobt Langlasse dafür, dass er trotz seiner vermeintlichen Verletzung den Weg bis ins Ziel geschafft hat. (Z. 63–64)
Er darf sogar auf dem Motorroller zur Schule zurückfahren. (Z. 62–63)

Seite 12

4 c Das könnte deine Lösung sein:
Julius ist unbehaglich zumute, weil der Lehrer den Mitschülerinnen und Mitschülern gesagt hat, dass diese sich ein Beispiel nehmen sollen an ihm und Langlasse. Dabei haben sie betrogen und es war sogar seine Idee.

5 Darauf solltest du achten:
Wichtig ist, dass du deine Antwort gut begründest.

6 Diese Hinweise solltest du gefunden haben:
In Zeile 48 sagt Langlasse zu Julius, dass er seinem Vater versprochen hat, sich anzustrengen. Julius findet das nicht gut, er denkt: „Da haben wir's! [...] Jetzt muss er Langlasse auch noch zum Skilaufen zwingen." (Z. 46–47)
Vermutlich setzt der Vater seinen Sohn immer wieder unter Druck, damit dieser gute Leistungen erbringt, und Langlasse will, dass sein Vater zufrieden mit ihm ist.
Am Ende der Geschichte erklärt Langlasse Julius, dass ihr Betrug ihn gerettet habe, denn nun werde sein Vater mit ihm zufrieden sein und zu Hause werde es etwas Gutes zu essen geben. Leistung wird also in Langlasses Elternhaus belohnt.
„Und wenn Papa etwas sagt, kann er was erleben!" (Z. 83–84). ruft Langlasse. Endlich fühlt er sich selbstsicher seinem Vater gegenüber.

Seite 17

1 Das könnte deine Vermutung sein:
Adrian ist sehr groß für sein Alter. Indem Stella mit seiner Größe liebevoll-spöttisch umgeht, zeigt sie Adrian, dass seine Größe nicht als Problem angesehen werden sollte.
In folgender Textstelle wird dies besonders deutlich:
„Als ein paar Leute vor einem Jahr in der Schule angefangen hatten, ihm diesen Namen hinterherzurufen, weil irgendwer seine genaue Größe herausgefunden hatte, da war Stella auf die Idee gekommen, Adrian zu Hause auch so zu nennen, damit es gar nicht erst wehtat. Damit es nichts als ein Name war."
(S. 16, Z. 138–143)

2 Das solltest du beachten:
Falls du Wörter, die dir unbekannt waren, nicht im Wörterbuch gefunden hast, dann handelt es sich vermutlich um erfundene Wörter (Wortschöpfungen) der Autorin. Frag aber zur Sicherheit bei deiner Lehrerin / deinem Lehrer nach.

3 Das ist eine Metapher:
Bei einer Metapher handelt es sich um Wörter, die in einer übertragenen, bildlichen Bedeutung verwendet werden.
Metaphern sind beliebte Stilmittel bei Autorinnen und Autoren.
Diese Metaphern könnest du im Text gefunden haben:
„Wenn man von ein paar unbedeutenden Unterbrechungen absah, konnte man getrost behaupten, dass Adrian und Stella hier draußen aufgewachsen waren, genau an diesem Ort, auf dieser Terrasse, die die Häuser von Adrians und Stellas Familie im ersten Stock miteinander verband wie eine vollkommen *lebensnotwendige Brücke.*" (S. 14, Z. 51–56)
„Adrian lauschte noch eine Weile, aber es war wieder still geworden, *die Nacht, sie war das leiseste Geräusch von allen*."
(S. 15, Z. 78–80)

Seite 18

4 Deine Tabelle könnte so aussehen:

	Stella	Adrian
Aussehen	– frisch gewaschene Haare (S. 16, Z. 116–117) – klein wie ein Zwerg? (S. 16, Z. 126)	– sehr groß („Einsneunzig“, S. 13, Z. 1) – trägt einen „jämmerlichen“, viel zu kurzen Schlafanzug (S. 13–14, Z. 34–42) – hat sieben Leberflecke und Härchen an den Unterarmen (S. 14, Z. 43–44)
Charakter	– unbeholfene Art – bestimmend – witzig – freundschaftlich	– folgsam – liebevoll – freundschaftlich

5 a Diese Textstellen zeigen Adrians Gefühle für Stella:
„Und Adrian dachte ausgerechnet an Stellas unbeholfene Art, einen Stift zu halten, es war das Erste, was ihm einfiel, und seltsam war das: dass ihm Stellas Finger in den Sinn kamen, die beim Schreiben den Stift umgarnten wie zum allerersten Mal.“ (S. 13, Z. 3–6)

„Stella Maraun hätte aus Uruguay anrufen können oder von einem neuerdings bewohnten Planeten, sie hätte sich von jedem beliebigen Fleck Erde oder Weltall bei ihm melden können, vollkommen gleich, Adrian wäre losgerannt, hätte im Gehen eine Jacke vom Haken gerissen, wäre sich mit der Rechten einmal wild durchs Haar gefahren, um dann ins nächstbeste Flugzeug oder Raumschiff zu springen und in weniger als fünf Minuten bei Stella zu sein.“ (S. 13, Z. 21–28)

b So könnte deine Erklärung lauten:
Adrian scheint Stella sehr zu mögen, vielleicht kann man sogar sagen, dass er in sie verliebt ist.

6 Das könnte deine Antwort sein:
Auch Stella scheint Adrian gegenüber liebevolle Gefühle zu haben. Sie nennt ihn „Einsneunzig" oder gibt ihm Namen von hohen Gebäuden, die sie auswendig gelernt hat, damit Adrian nicht gekränkt ist, wenn die Mitschülerinnen und Mitschüler ihn wegen seiner Größe hänseln.
Folgende Textstellen belegen dies:
„Adrian kniff Stella in den Arm, und Stella, die seit ein paar Jahren die größten und längsten Sachen aller Zeiten für ihn auswendig lernte, die *großwüchsigen Dinge*, Stella kniff zurück und knurrte". (S. 16, Z. 122–125)

„Als ein paar Leute vor einem Jahr in der Schule angefangen hatten, ihm diesen Namen hinterherzurufen, weil irgendwer seine genaue Größe herausgefunden hatte, da war Stella auf die Idee gekommen, Adrian zu Hause auch so zu nennen, damit es gar nicht erst wehtat. Damit es nichts als ein Name war. Damit es nichts war." (S. 16, Z. 138–144)

Seite 20

2 So könnte das Mädchen Annemarie aussehen:
Die Beine sind sehr lang.
Die Füße sind sehr groß.
Der Hals ist lang.
Die Hände sind groß.
Die Ohren sind groß.
Die Knie sind spitz.

3 Folgende Merkmale könntest du nennen:
Die Haare sind dunkelbraun.
Die Figur ist schon weiblich.
Die Wimpern sind glatt.
Die Augen sind blaugrün.

4 So könnte deine Vermutung lauten:
Das lyrische Ich könnte in Annemaries Augen ein schüchternes Mädchen entdeckt haben, das nicht nach ihrem Äußeren beurteilt werden will und das vielleicht sympathisch und nett ist.

Seite 21

5 Das könnte deine Antwort sein:
Das lyrische Ich könnte mit seiner Frage „Willst du mit mir ins Kino gehen?" dem Mädchen Annemarie signalisieren, dass es sie gerne näher kennenlernen möchte.

6 Darauf solltest du achten:
Wichtig ist, dass du deine Antwort gut begründest.

7 So sollte die Lösung lauten:
Diese Art von Reim nennt man einen Paarreim.

8 Folgender Hinweis kann dir helfen:
Versuche eine Person mit Metaphern zu beschreiben und bilde dabei Paarreime.

Seite 24

1 Das erfährst du im Artikel über Schimpansen:
Schimpansen sind unsere nächsten Verwandten. Sie sind selbstsüchtig und immer auf ihren eigenen Vorteil bedacht.

2 Das solltest du notiert haben:
„In einem Wolfsrudel wird jedem geholfen, alle kümmern sich um die Aufzucht der Jungen, Kranke werden versorgt und gepflegt, niemand wird allein gelassen." (S. 23, Z. 54–56)

3 Diese Beispiele könntest du gefunden haben:
Blindenhunde, die die Blinden führen
Suchhunde, die Vermisste suchen
Lawinenhunde, die nach Verschütteten suchen
Therapiehunde, die Menschen mit seelischen Störungen helfen

4 Das könnte deine Antwort sein:
Heinz Rühmann war offensichtlich ein Hundefreund. Er wollte mit diesem Satz ausdrücken, dass das Leben mit einem Hund reicher und schöner ist.

Seite 27

1. Folgende Textstellen solltest du nennen:
„'Zähmen, das ist eine in Vergessenheit geratene Sache', sagte der Fuchs. ‚Es bedeutet, sich ‚vertraut zu machen'." (S. 25, Z. 14–15)
„Aber wenn du mich zähmst, werden wir einander brauchen. Du wirst für mich einzig sein in der Welt. Ich werde für dich einzig sein in der Welt." (S. 25, Z. 21–23)
„Aber wenn du mich zähmst, wird mein Leben wie durchsonnt sein. Ich werde den Klang deines Schrittes kennen, der sich von allen anderen unterscheidet." (S. 25, Z. 23–25)
„Oh, es wird wunderbar sein, wenn du mich einmal gezähmt hast! Das Gold der Weizenfelder wird mich an dich erinnern. Und ich werde das Rauschen des Windes im Getreide lieb gewinnen." (S. 25, Z. 30–33)
„Bitte … zähme mich!" (S. 26, Z. 35)
„Man kennt nur die Dinge, die man zähmt." (S. 26, Z. 39)
„Wenn du einen Freund willst, so zähme mich!" (S. 26, Z. 43)

2. So könnte deine Beschreibung lauten:
Die Schritte des kleinen Prinzen werden für den Fuchs wie Musik klingen und ihn aus seinem Bau herauslocken.
Die Farbe des Weizens wird den Fuchs immer an das Haar des kleinen Prinzen erinnern.

3. Das könnte der Fuchs gemeint haben:
Du verlässt mich zwar, aber ich werde mich immer an unsere Freundschaft und das gemeinsam Erlebte erinnern.

4. Das könnte deine Antwort sein:
Das Wichtigste im Leben sind Freundschaft, Zuneigung und Vertrauen.

Seite 28

1 Das könnte deine Lösung sein:
Jemandem helfen, mit dem du befreundet bist.

Seite 29

2 So könnte deine Beschreibung lauten:
Der alte Araber gibt den drei Brüdern sein einziges Kamel. Dadurch haben sie eine Anzahl von Kamelen, die es möglich macht, die Tiere nach Vorgabe des Testaments zu verteilen. Am Ende bekommt der alte Araber sein Kamel zurück.

3 Die Lehre der Parabel könntest du so formulieren:
Gute Freunde vertrauen sich und handeln uneigennützig.

4 So könnte deine Antwort lauten:
Vielleicht wollte Bertolt Brecht mit der Verwendung des Plurals ausdrücken, dass die Lehre für alle Situationen gilt, in denen man einem Freund hilft.

5 Das sollte deine Lösung sein:
Du hast den ersten und den zweiten Satz durchgestrichen, denn der letzte Satz trifft am besten auf die Aussage zu.

Seite 31

1 bis 5 Diese Aufgaben erfordern individuelle Lösungen.

Seite 37

1 Diese Textstellen könntest du gewählt haben:

„Erst als ich das Mathebuch zu ihm rüberschiebe, damit wir zusammen reinschauen können, wirft er mir einen kurzen Blick zu." (S. 32, Z. 16–18)
„'Komm, ich zeig dir alles'" (S. 32, Z. 20–21)
„Ich zeige sie ihm und bleibe in der Nähe stehen, um auf ihn zu warten." (S. 33, Z. 31–32)
„'Vergiss deine Sportsachen nicht, Herr Kremer reagiert sehr sauer, wenn jemand nicht mitmachen kann.'" (S. 33, Z. 42–43)
„Du kannst gerne mit uns fahren". (S. 34, Z. 76)

Seite 38

2 Diese Informationen solltest du aufschreiben:
Mats ist aus Neustadt nach Kirchheim zugezogen. (S. 32, Z. 6–7)
Er raucht. (S. 32, Z. 25–26)
Er wohnt im Rübgarten. (S. 33, Z. 39)
Ihm ist es egal, wo er wohnt. Hauptsache ein Bahnhof ist in der Nähe. (S. 33, Z. 65–66)
Er hat keine Geschwister. (S. 33, Z. 66)
Er lebt nur mit seiner Mutter zusammen. (S. 34, Z. 66–67)
Er sieht seine Mutter kaum. (S. 34, Z. 68)
Die Mutter arbeitet Schicht in einem Hotel in Neustadt. (S. 34, Z. 68–69)
Der Grund des Umzugs war, dass Mats' Mutter glaubt, dass Kinder auf dem Land gesünder leben. (S. 34, Z. 69–70)
Leni und Mats tauschen ihre Telefonnummern aus. (S. 34, Z. 79)
Mats' Mutter hat ihm die „Polizei […] auf den Hals gehetzt". (S. 34, Z. 94–95)
Die Mutter hat Mats das Handy abgenommen. (S. 35, Z. 107)
Mats „kann diese Sozialkacke nicht mehr ertragen". (S. 36, Z. 139–140)
Er hält sich mit Freunden in Frankfurt auf. (S. 37, Z. 170)

3 So könnte deine Antwort lauten:
Lenis Mutter zitiert ein Sprichwort und meint damit:
Wer sich in schlechte Gesellschaft begibt, der ist oder wird selbst ein schlechter Mensch. Sie hat Sorge um das Wohl und Ansehen ihrer Tochter und verbietet ihr deshalb den weiteren Umgang mit Mats.

4 Das könnten deine Stichpunkte sein:
Lenis Mutter befürchtet, dass sie:
- in schlechte Gesellschaft gerät,
- Drogen nimmt,
- die Schule vernachlässigt,
- von anderen schräg angesehen wird.

5 Folgende Fragen können euch unterstützen:
Was war an der Situation schwierig?
Wie habt ihr reagiert?
Wie ist die Geschichte ausgegangen?
Würdet ich noch einmal so handeln?

Seite 41

1 So könnte deine Definition lauten:
Ein „falscher Freund“ ist eine Person, die nicht wirklich dein Freund ist, weil sie dir schadet und dich vielleicht ausnutzt.

2 Im Text werden diese Beispiele genannt:
„Andererseits kann man durch soziale Medien aber auch mit Freunden in Kontakt bleiben, die Tausende Kilometer entfernt wohnen.“ (S. 39, Z. 20–22)
Man kann seine Freunde virtuell an seinem Leben teilhaben lassen. (S. 39, Z. 25–28)

3 So könnte deine Antwort lauten:
Man macht sich falsche Vorstellungen von der virtuellen Bekanntschaft.
Man kann zum Mobbingopfer werden, wenn die fremde Person Vertrauliches preisgibt.
Man fühlt sich ständig genötigt, auf das Handy zu schauen, um keine Nachricht zu verpassen.

4 Mit diesen Argumenten könntest du deine Meinung begründen:
Pro-Argumente:
- Man kann Bilder hochladen oder einen Blog schreiben und damit eine Freundschaft pflegen, auch wenn man sich nicht real trifft.
- Auch bei virtuellen Freundschaften kann es gemeinsame Interessen als Basis geben.
- Ich muss einer Freundin oder einem Freund vertrauen können, egal ob die Freundschaft im Netz oder im realen Leben besteht.

Kontra-Argumente:
- Chatten ist eher eine lose und unverbindliche Kommunikation auf einer meist oberflächlichen Ebene.
- Im Netz ist es schwieriger, Vertrauen aufzubauen, weil die Möglichkeit, dem anderen etwas vorzumachen, viel größer ist.
- Es besteht die Gefahr, in eine virtuelle Freundschaft Dinge hineinzuinterpretieren, die so gar nicht vorhanden sind.

Seite 42

1 Diese Hintergrundinformationen zur Ballade könnten interessant sein:
- Die Ballade gehört zu den bekanntesten Gedichten Friedrich Schillers.
- Sie erschien im Sommer 1789 und wurde 1799 erstmals im Musenalmanach (Sammlung literarischer Notizen, Rezensionen, Erstveröffentlichungen neuer Gedichte) veröffentlicht.
- Johann Wolfgang von Goethe regte seinen Freund zu dieser Ballade an; Schiller bat Goethe wiederum um eine erste Meinung.
- Der Aufbau der Ballade greift auf antike Vorbilder zurück, sie besteht aus zwanzig Strophen zu je sieben jambisch gestalteten Versen.
- Die Ballade wurde 1815 von Franz Schubert als Lied vertont.

Seite 47

2 Dieser Hinweis kann dir helfen:
Sollten dir noch andere Wörter unbekannt sein, schlage diese in einem Wörterbuch nach oder frage deine Lehrerin / deinen Lehrer.

Seite 48

4 Diese Zeilen passen zu den folgenden Überschriften:

Errettung des Freundes: Zeilen 131–138
Hochwasser verhindert Rückkehr: Zeilen 51–58
Attentatsversuch und Verurteilung: Zeilen 1–7

Begnadigung und Versöhnung: Zeilen 138–144
Letzter Aufschub der Kreuzigung: Zeilen 123–130
Bürgschaft des Freundes: Zeilen 8–15

Seite 49

5 So könnte deine Antwort lauten:
Wahre Freundschaft ist ein starkes Band, getragen von Vertrauen und Zuneigung. Schlimmstenfalls opfert ein Freund sein Leben. Drohungen und Gewalt können wahre Freundschaft nicht erschüttern.

Seite 50

1 So könnten die Lücken gefüllt sein:
FREUD**E**
RAN**D**
ELFENBEI**N**
UH**U**
NAS**E**
DONNE**R**
EL**F**
Ihr könntet auch andere Wortarten zulassen.

Seite 55

1 Das könntest du vermuten:
Harry und Hermine reagieren vermutlich zunächst zurückhaltend, da sie sich von ihrem Freund im Stich gelassen fühlten. Hermine, die geweint hat, als Ron weg war, wird vielleicht sogar böse auf ihn sein, weil er ihr solchen Kummer bereitet hat. Am Ende aber werden die beiden froh sein, dass Ron wieder bei ihnen ist.

2 So kannst du vorgehen:
Sammelt eure Beispiele unter den Rubriken „Bücher", „Filme" und „Serien" zunächst an der Tafel. Tauscht euch darüber aus, was euch an den Geschichten besonders gut gefällt.

3 Dieser Hinweis kann dir helfen:
Lass beim Schreiben der Geschichte einen größeren Rand, um Platz für die Gestaltung der Seite (siehe Aufgabe 4) zu haben.

Seite 56

1 Die Tabelle sollte so aussehen:

Titel des Textes	Textart
Ein Blick in die Geschichte	Sachtext
Die kleine Hölle	Kurzgeschichte
Schneeriese	Romanauszug
Gedanken einer Schülerin	Gedicht
Wie wir auf den Hund kamen	Sachtext
Der kleine Prinz und der Fuchs	Auszug aus einer Erzählung
Freundschaftsdienste	Parabel
Gute Freunde, schlechte Freunde	Kurzgeschichte
Freundschaften im Internet	Interview
Die Bürgschaft	Ballade
Harry Potter	Romanauszug

Raum für Notizen:

Inhaltsverzeichnis

Was Freundschaft bedeutet

Freundschaft ist eine enge Verbindung zwischen zwei Menschen, die sich mögen. Freundschaft äußert sich in Respekt, Vertrauen, Zuneigung und Fürsorge.
Das sind die Grundlagen einer Freundschaft.
Mit Freunden gibt es häufig etwas zu lachen. Und die geteilten Sorgen wiegen nur noch halb so schwer, wenn ich mit Freunden darüber reden kann.
Aber Freunde sind nicht nur aus diesen Gründen wichtig für dich.
Die Forschung zeigt immer mehr spannende Gründe auf, weshalb Freunde dein Leben in vielerlei Hinsicht bereichern:

- Freunde steigern dein Wohlbefinden.
- Freunde steigern dein Selbstwertgefühl.
- Freunde stärken deine seelische Widerstandsfähigkeit.
- Freunde stärken deine Abwehrkräfte und halten dich gesund.
- Freunde verringern deinen Stress.

Kurzum: Freundschaften steigern unsere Lebensqualität.
Es gelingt dir vielleicht nicht immer, Freundschaften aufrechtzuerhalten. Ein wichtiger Aspekt für den Erhalt deiner Freundschaften ist die Zeit. Denn Freundschaften unterscheiden sich unter anderem von Bekanntschaften dadurch, wie lange du jemanden schon kennst und wie viel Zeit du mit dieser Person verbringst.
Was kannst du tun, um neue Freunde zu gewinnen? Wenn Menschen sich irgendwo begegnen und sich sympathisch finden, dann muss einer den Anfang machen, damit die Beziehung weitergehen kann.
Wilhelm von Humboldt (1767–1835) sagte:
„Im Grunde sind es doch die Verbindungen mit Menschen, die dem Leben seinen Wert geben."
Mehr zum Thema „Freundschaft" findest du in diesem Heft.

Elke Reichart

Ein Blick in die Geschichte

Shutterstock / Panos Karas

Es ist gar nicht so neu, dass wir uns über die Fragen, was Freundschaft bedeutet und wer ein Freund ist und wer keiner sein kann, Gedanken machen. Das haben auch schon zahlreiche Philosophen[1] und Literaten im Laufe der Jahrhunderte getan.
Aristoteles[2] unterschied zwischen drei Arten von Freundschaft.
Nutzfreundschaft nannte er Beziehungen, die aufgrund eines gemeinsamen Zieles oder Zweckes eingegangen werden.
Fällt dieser Zweck weg, weil das Ziel erreicht wurde, ist das Fortbestehen der Freundschaft unsicher. Ähnliches gelte für die Lustfreundschaft, auch hier wird nicht die Persönlichkeit des Freundes geliebt, sondern das Vergnügen, das er einem bereitet (z. B. weil er ein sehr witziger Zeitgenosse ist und es nie langweilig in seiner Gesellschaft wird). Doch auch der witzigste Mensch kann kaum auf Dauer lustig sein, und wenn der Lustgewinn nachlässt, ist auch diese Freundschaft nicht von Dauer.
Als die stabilste und wertvollste Freundschaft beschreibt Aristoteles die Tugend- oder Charakterfreundschaft. Hier wird der Freund nicht aufgrund seiner nützlichen oder lustbringenden Aspekte geschätzt, sondern wegen seiner persönlichen Eigenschaften, seines Charakters. Allerdings kann diese Freundschaft durchaus auch Nutzen und Lustgewinn beinhalten, sie lässt sich nur nicht darauf reduzieren[3].

[1] *die Philosophen:* Menschen, die über den Sinn des Lebens nachdenken
[2] *Aristoteles:* ein Gelehrter, der vor über 2000 Jahren in Griechenland lebte
[3] *reduzieren:* beschränken.

Im Unterschied zu den ersten beiden Formen der Freundschaft lässt die dritte auch Veränderungen und Entwicklungen der Freunde zu, sie braucht sogar einige Zeit, um sich zu entfalten. „Denn nur der Entschluss zur Freundschaft, nicht die Freundschaft kommt schnell zustande.“ (Aristoteles)
Der römische Philosoph Cicero prägte Sätze wie „Ein wahrer Freund ist wie ein zweites Ich“ und „Einen sicheren Freund erkennt man in unsicherer Lage“. Cicero verwies damit auf eine Ähnlichkeit zwischen sich und dem Freund sowie auf die unbedingte Verlässlichkeit.

1 Aristoteles unterschied drei Gruppen von Freundschaft. Beschreibe sie.

Die Nutzfreundschaft ist ______________________________

____

Die Lustfreundschaft ist ______________________________

____

Die Charakterfreundschaft ist ______________________________

____

2 Überlege, ob du auch Freundinnen und Freunde aus den drei Bereichen hast. Berichte deinen Mitschülerinnen und Mitschülern.

____

____

3 Stell dir vor, dass eine Freundin oder ein Freund von dir in eine andere Stadt gezogen ist. Schreibe einen Brief oder eine E-Mail und berichte über Neuigkeiten und warum du sie/ihn vermisst.

Bo Carpelan

Die kleine Hölle

Die Klasse macht einen Skiausflug. Langlauf. Julius nennt die Ausflüge „Die kleine Hölle". Ein gesunder Geist in einem gesunden Körper, sagt der Lehrer. Verschwitzt und ärgerlich stakt Julius sich vorwärts. Seine Brille beschlägt die ganze Zeit, er muss immer wieder anhalten, um sie trockenzureiben. Über die hässlichen Felder mit ihren struppigen Büschen pfeift ein schneidender Wind. Alle Schüler haben eine Nummer, das Ganze ist ein Wettlauf. Das Los hat entschieden, wer als Erster laufen muss, und Julius gehört zu den Ersten. Aber er fällt rasch zurück. Seine Ski machen, was sie wollen. Es sind alte Ski, Mama hat sie aus dem Keller heraufgeholt.
„Spur frei! Spur frei!", keucht schon wieder eine Stimme hinter ihm, und Julius stellt sich neben die Spur und betrachtet voller Missmut den Wald und den Hang, der drohend immer näher kommt.

„Verflucht! Verflucht!", murmelt er zwischen zusammengepressten Lippen und stakt weiter. Allmählich fällt er in einen erträglichen Rhythmus. Den Hang schafft er nicht im Zickzack, sondern er klettert langsam seitwärts hinauf und rutscht ab und zu wieder hinunter. Unter sich sieht er andere Skiläufer, die sich mit großer Geschwindigkeit nähern. Plötzlich muss Julius an Langlasse denken. Er muss dort unten sein, fünf Startnummern hinter ihm. Wie kommt er wohl zurecht? Eigentlich könnten sie doch zusammen laufen. Oben auf dem Hügel fährt Julius etwas zur Seite, bleibt stehen und schaut über die Felder auf die Februarlandschaft, alles grau und weiß, und die Häuser von Mondtal, die sich im Hintergrund auftürmen. Wenn man nur nicht die ganze Zeit alles um die

Wette machen müsste! Zeugnisse und Wettbewerbe und wer ist der Erste und Ellenbogen hin und Ellenbogen her!

Julius ist schlechter Laune. Aber hinten im Westen klart der Himmel auf, und als Julius die Bäume ringsum näher betrachtet, stehen sie mit ihren Schneehauben da, als interessierten sie all die keuchenden Skiläufer, die an ihnen vorbeistolpern, herzlich wenig. Wie still es ist! Julius fährt sich mit dem kalten Handschuh über das erhitzte Gesicht. Der Schnee duftet nach Schmelzwasser und Frühling. Morgens, wenn er zur Schule geht, wird es schon heller. Und die Luft über dem blauen Schnee wird immer leichter.

„Julius! Warte!"

Ein Hilferuf von Langlasse. Er scheint völlig am Ende zu sein, er keucht, auf seinen Wangen brennen zwei rote Flecken, seine Augen glänzen, als könnte er kaum noch richtig sehen.

„Du brauchst dich doch nicht so fürchterlich zu schinden", sagt Julius. „Schön mit der Ruhe. Mach erst mal eine Pause. Übrigens ist es nicht mehr weit. Nur über den Hügel, und dann geht's bergab. Und hinunter kommt man immer irgendwie."

„Ich nicht", schnauft Langlasse. „Ich kann nicht mehr. Und dabei habe ich Papa versprochen ..." Da haben wir's!, denkt Julius. Jetzt muss er Langlasse auch noch zum Skilaufen zwingen! Als ob die Hausaufgaben nicht genug wären!

„Wir tun, was wir können", sagt Julius. „Hier kommen wir nur mit List und Tücke weiter." Und dann flüstert er Langlasse etwas ins Ohr. Er muss mehrmals flüstern, bis Langlasse endlich kapiert, um was es geht.

Mit Volldampf rast Ulla an ihnen vorbei, sie sieht die beiden gar nicht, ihr Atem hängt noch lange, nachdem sie zwischen den stillen Kiefernstämmen verschwunden ist, wie feuchte Lumpen an der Wäscheleine in der Luft.

Julius und Langlasse rutschen langsam hinterher. Am Hang, der zum Ziel hinabführt, schnallen sie ihre Ski ab. Langlasse stützt sich auf Julius. Unten auf dem Feld hilft Julius Langlasse mit Mühe, die Ski wieder anzuziehen, und mit dem Arm um Julius' Schulter fährt Langlasse ins Ziel.

Dann darf Langlasse mit dem Motorroller zur Schule zurückfahren. „Eine einfache Zerrung", stellt der Lehrer fest, „aber trotzdem

eine beachtliche Leistung. Alles herhören!", ruft er, dass es durch die Turnhalle schallt.
Und dann geht er die Leistungen der Reihe nach durch, verteilt mit derselben großzügigen Hand Lob und Tadel, seine Worte sind rasch und sicher wie freundliches, kameradschaftliches Rückenklopfen, manchmal hart, manchmal ein bisschen weicher. Über Langlasse und Julius sagt er: „Die beiden sind vielleicht nicht gerade zwei Spitzenläufer, können euch aber dennoch als Beispiel dienen: Unter schwierigen Umständen haben sie ihr Bestes getan. Verstanden!"
Die Klasse gafft, kichert, geht dann auseinander. Langlasse hat einen Streckverband bekommen und humpelt mit Julius nach Hause. Beide schweigen. Julius ist etwas unbehaglich zumute. „Er hätte uns doch überhaupt nicht zu erwähnen brauchen", sagt er schließlich.
Langlasse bleibt stehen und sieht Julius an: „Du weißt ganz genau, dass uns das hier gerettet hat. Mich wenigstens. Vor allem zu Hause! Bestimmt macht Mama jetzt Pfannkuchen für uns. Und du musst mitkommen. Und es gibt sicher von der Himbeermarmelade aus dem Keller. Und wenn Papa etwas sagt, kann er was erleben!"
Und es gibt tatsächlich Pfannkuchen. Mit Himbeermarmelade. Und Langlasse sagt zu seinem Vater: „Wir haben unter schwierigen Bedingungen unser Bestes getan. Das hat Herr Lindblom gesagt. Mehr kann man nicht tun."
Herr Ruden kann dem nichts hinzufügen.

1. Julius und Langlasse sind Freunde. Nenne drei Stellen in der Kurzgeschichte, die das belegen. Formuliere mit deinen eigenen Worten in dein Heft und notiere die Zeilen der betreffenden Textstellen.

2 Die Geschichte heißt: „Die kleine Hölle“. Erkläre, was mit diesem Titel gemeint ist.

3 In den Zeilen 26–27 findest du den Satz: „Wenn man nur nicht die ganze Zeit alles um die Wette machen müsste!“

a Was meint Julius damit?

b Sprecht in der Klasse darüber: Muss Wettbewerb im Sport sein?

4 Die beiden Jungs kommen mithilfe eines Tricks durchs Ziel.

a Beschreibe, was sie tun.

b Wie reagiert der Lehrer?

c Warum ist Julius auf dem Heimweg „unbehaglich zumute"?

5 Julius hat seinem Freund zuliebe „geschummelt". Würdest du auch so handeln, um eine Freundin oder einen Freund zu schützen? Begründe deine Antwort.

6 In der Geschichte gibt es Hinweise auf das Verhältnis zwischen Langlasse und seinem Vater. Beschreibe es anhand der entsprechenden Textstellen.

Susan Kreller

Schneeriese

Einsneunzig, sagte die Stimme am Telefon.
Einsneunzig, du musst jetzt ganz wach sein.
Und Adrian dachte ausgerechnet an Stellas unbeholfene Art, einen Stift zu halten, es war das Erste, was ihm einfiel, und seltsam war das: dass ihm Stellas Finger in den Sinn kamen, die beim Schreiben den Stift umgarnten wie zum allerersten Mal. Weiß Gott, Adrian hätte allen Grund gehabt, etwas weniger Freundliches zu denken, immerhin war er aus dem tiefsten Schlaf gerissen worden.
Stella.
Was gibt's?
Es geht los, Einsneunzig, sagte Stella. Und du gehst jetzt auch los, zieh dir was drüber, schöne Grüße und bloß keine Widerrede.
Alles in Ordnung bei dir?, fragte Adrian, stieg aus dem Bett und wankte zum Fenster, kalt, so kalt war es hier, mitternachtschwarz, und auf den Straßen lag der reinste Schnee und hatte keinen blassen Schimmer.
Jemand zieht vor meinen Augen ins Dreitotenhaus, sagte Stella vergnügt und fast lispellos. Komm auf der Stelle her, hier stimmt was nicht, da stinkt was gewaltig!
Stella Maraun hätte aus Uruguay anrufen können oder von einem neuerdings bewohnten Planeten, sie hätte sich von jedem beliebigen Flecken Erde oder Weltall bei ihm melden können, vollkommen gleich, Adrian wäre losgerannt, hätte im Gehen eine Jacke vom Haken gerissen, wäre sich mit der Rechten einmal wild durchs Haar gefahren, um dann ins nächstbeste Flugzeug oder Raumschiff zu springen und in weniger als fünf Minuten bei Stella zu sein.
Dass Stella seine Nachbarin war und nur ein paar Atemzüge von ihm entfernt wohnte, machte die Angelegenheit allerdings deutlich komplizierter. Adrian sah an sich herunter und begriff augenblicklich, dass er *so* auf keinen Fall zu Stella gehen konnte, nicht mal dann, wenn er sich etwas drüberzog. Er trug einen auffallend jämmerlichen Schlafanzug, der aus Baumwolle und dunkelblau

und an sich nicht schlecht war, auch wenn vorn auf der Brust Bugs Bunny angetrunken grinste. Kein Problem, wirklich, Bugs Bunny hätte er mit Leichtigkeit verdecken können.
Ein gerichtstauglicher Beweis für die Jämmerlichkeit von Adrians Schlafanzug war hingegen, dass die Hosenbeine knöchellang gemeint waren, ihrem Träger aber höchstens bis zur halben Wade reichten, und sich von Tag zu Tag weiter nach oben arbeiteten. Jämmerlich waren auch die Ärmel, die den größten Teil von Adrians Unterarmen preisgaben, alles, die insgesamt sieben Leberflecke, die Härchen und die langen freien Flächen, auf die er sich einen Namen seiner Wahl hätte tätowieren lassen können, wenn er lebensmüde gewesen wäre. [...]
Adrian zog den Schlafanzug aus, warf ihn aufs Bett und brauchte keine fünf Minuten, um in Jeans und Kapuzenpullover – beides fast neu – passgenau in die Küche zu schleichen, in seine Turnschuhe zu schlüpfen und auf die zugeschneite Terrasse zu treten.
Es war so. Wenn man von ein paar unbedeutenden Unterbrechungen absah, konnte man getrost behaupten, dass Adrian und Stella hier draußen aufgewachsen waren, genau an diesem Ort, auf dieser Terrasse, die die Häuser von Adrians und Stellas Familie im ersten Stock miteinander verband wie eine vollkommen lebensnotwendige Brücke.
Und eigentlich konnte man sogar noch genauer werden und sagen, dass es die rostige Hollywoodschaukel in der Mitte der Terrasse war, auf der Adrian und Stella groß geworden waren, oder mittelgroß, je nachdem. Sie hatten dort Jahr für Jahr überwintert, in muffige Wolldecken gehüllt, und sie hatten dort Jahr für Jahr mit froh schwitzenden Gesichtern <u>übersommert</u>, in den Bäuchen die eisgekühlte Monatsproduktion einer weit entfernten Colafabrik. Misses Elderly, die Stellas Großmutter war und in Wahrheit einen leicht anderen Namen trug, Misses Elderly hatte den beiden früher immer wieder die *Schneekönigin* vorgelesen und jedes Mal befunden, dass Adrian und Stella tausendmal besser dran seien als Kay und Gerda, denn die hätten schließlich nur eine große Dachrinne gehabt, um sich zu treffen, keine gemeinsame Terrasse und schon gar keine uralte quietschende Schaukel mit äußerst geschmackvollen Decken darauf.

Adrian rutschte jetzt langsam mit den Turnschuhen über die Bodenleisten, immer weiter und weiter, zog Nachtspuren über das glitschige Terrassenholz. Von irgendwoher hörte er Stimmen, nein, man hörte nie Stimmen hier, nie in der Nacht, aber da waren sie, Stimmen, das Knallen einer Autotür, weit weg oder ganz in der Nähe, und wer weiß, am Ende kamen sie wirklich vom Dreitotenhaus, das düster hinter Stellas Haus lauerte. Adrian lauschte noch eine Weile, aber es war wieder still geworden, die Nacht, sie war das leiseste Geräusch von allen. Er spürte, dass seine eiskalten Füße nur noch wenige Sekunden zu leben hatten, und schlüpfte endlich in die dunkle Küche der Marauns, deren Glastür ebenfalls unverriegelt war, man wusste ja nie. Adrian kannte diese Küche in- und auswendig und bewegte sich sogar im Dunkeln gekonnt an den Möbeln vorbei, tastete sich zur Tür und ging von dort aus ins Treppenhaus. […]
Als Stella auch bei Adrians zweitem Versuch nicht auf das Klopfen reagierte, öffnete er einfach die Tür und sah sofort, dass es im Zimmer stockfinster war, nur von der Straße kam ein wenig Licht hoch. Adrian erkannte Stellas Umrisse vorm Fenster. Sie kniete feierlich auf einer Fußbank und stützte die Ellenbogen auf dem Fensterbrett ab, als würde sie gerade beten. In Wahrheit aber blickte sie nur mit einem Fernglas nach unten und sagte, ohne sich auch nur für einen winzigen Augenblick umzudrehen: *World Financial Center*, verstummte dann und konzentrierte sich wieder auf das Dreitotenhaus, das sich auf der anderen Straßenseite angeblich verdächtig benahm.
Stella?, fragte Adrian, weil ihm leider nichts Originelleres einfiel, aber die Angesprochene machte ungerührt weiter und sagte, den Blick immer noch auf die Straße gerichtet:

Shutterstock / zhusijia1011

Höchste Aussichtsplattform der Welt, in Shanghai ist die, unglaubliche vierhundertvierundsiebzig Meter hoch. Und jetzt hol dir ein Kissen und komm endlich, das Dreitotenhaus hat nicht ewig Zeit!

Adrian nahm sich ein Kissen, kniete sich neben Stella und hatte jetzt, auf dem flachen Polster, die besten Voraussetzungen, um nur wenig größer als Stella zu sein und um aus dem Nasenlochwinkel ihre Haare zu riechen, die sie wahrscheinlich erst vor wenigen Stunden gewaschen hatte und die nach Kinderkaugummi rochen.

Da müssten wir mal hin, sagte Adrian. Nach Shanghai.

Müssten wir nicht, die Aussicht ist hundertprozentig nichts Neues für dich, die hast du jeden Tag. Nur falls du's vergessen hast, du bist der weltweit höchste Junge, Einsneunzig.

Adrian kniff Stella in den Arm, und Stella, die seit ein paar Jahren die größten und längsten Sachen aller Zeiten für ihn auswendig lernte, die *großwüchsigen Dinge*, Stella kniff zurück und knurrte: *Dumm wie Wurstbrot!* Dann kniff Adrian wieder, sagte: *Zwerg!*, worauf Stella höflich *Großkotz!* keifte, und mit einem kleinen warmen Ruck wurde Adrian klar, dass das die guten Momente waren, die Augenblicke, in denen man eins siebzig groß war und lauter Freunde hatte, die Zeiten, in denen man über seine eigenen Witze lachen konnte und keinen Grund hatte, an den Fingernägeln zu kauen. Vielleicht war man glücklich in solchen Momenten, mit fünfmal ü wie in den alten Schallplattenliedern, die Misses Elderly so gerne anhörte, *glüüüüücklich*, und vielleicht war das alles so, weil einen soeben ein anderer dazu gebracht hatte, dass man sich selbst mochte. [...]

Einsneunzig.

Als ein paar Leute vor einem Jahr in der Schule angefangen hatten, ihm diesen Namen hinterherzurufen, weil irgendwer seine genaue Größe herausgefunden hatte, da war Stella auf die Idee gekommen, Adrian zu Hause auch so zu nennen, damit es gar nicht erst wehtat.

Damit es nichts als ein Name war.

Damit es nichts war.

Fast alle hatten sich geweigert, den Namen zu benutzen, vor allem Adrians Mutter, die ihren Sohn am liebsten zu einer kleinen handlichen Kugel geknüllt hätte, so dass er keinem auffallen und von niemandem anders als Adrian genannt werden würde. Und weil Adrians Eltern und Stellas Mutter und Stiefvater befreundet waren und andernfalls auch nie so lange in so enger Terrassennachbarschaft gewohnt hätten, konnte Stella nicht einmal ihre eigene Mutter, die sonst für vieles zu haben war, von ihrem Plan überzeugen. Einzig Misses Elderley, die aber sowieso ein Faible[1] für künstliche Namen hatte, war sofort damit einverstanden gewesen, Adrian umzubenennen. Und dabei war es dann auch geblieben, für Stella und ihre Großmutter hieß Adrian nur noch Einsneunzig.

1. Stella nennt Adrian „Einsneunzig“. Sie spricht ihn mit dem Namen von sehr hohen Gebäuden an. Überlege, warum sie das tut.

2. Im Text sind zwei Wörter unterstrichen. Diese Ausdrücke wirst du in keinem Wörterbuch finden, sie sind eine Wortschöpfung der Autorin. Unterstreiche alle Wörter im Text, die dir unbekannt sind oder seltsam klingen. Prüfe mithilfe eines Wörterbuchs, ob es die Wörter wirklich gibt.

[1] *das Faible:* Vorliebe

3 Finde im Romanauszug zwei Metaphern und notiere die Sätze, in denen sie vorkommen, mit Zeilenangaben in dein Heft. Wenn du unsicher bist, was eine Metapher ist, schlage diesen Begriff noch einmal nach.

4 Schreibe alles auf, was du über Adrian und Stella erfährst (Aussehen und Charakter). Du kannst eine Tabelle in deinem Heft anfertigen.

	Stella	**Adrian**
Aussehen		
Charakter		

5 Adrians Gefühle für Stella gehen aus dem Textauszug sehr deutlich hervor.

a Suche zwei Textstellen, die seine Gefühle zeigen, und schreibe sie mit Zeilenangabe auf.

____

____

____

____

b Erkläre mit eigenen Worten, was Adrian für Stella empfindet.

____

____

6 Stellas Verhältnis zu Adrian wird nicht so deutlich abgebildet. Belege mit mindestens einer Textstelle (plus Zeilenangabe), was Stella vermutlich für Adrian empfindet.

Hilde Leiter

Gedanken einer Schülerin

Annemarie Peltzen,
du gehst auf zwei Stelzen,
und dein weißer Spangenschuh
ist so groß wie ein Kanu.
Und für deinen langen Hals
brauchst du mindestens drei Schals.
Deine Händchen, diese braven,
die umspannen zwei Oktaven[1],
falls du sie exakt erwischt,
wenn du aufs Piano drischst.[2]
Leider wurdest du geboren
mit zwei Elefantenohren,
deine Knie sind scherenspitz,
deine Nase ist ein Witz,
und du lächelst wie ein Clown …
Doch dein Haar ist dunkelbraun,
vorne bist du nicht mehr platt,
und die Wimpern sind so glatt –
Deine Augen, wie sind die?
Schau mich an, Annemarie.
Sie sind blaugrün, wirklich schön –
„Willst du mit mir ins Kino gehn?"

1 Tauscht euch aus, wie das Gedicht auf euch wirkt.

[1] *die Oktave*: in der Musik ein langer Abstand zwischen zwei Tönen
[2] *aufs Piano dreschen*: heftig Klavier spielen

2 Das lyrische Ich (die Erzählerin oder der Erzähler eines Gedichtes) beschreibt Annemaries Äußeres in bildhafter Sprache (in Metaphern). Schreibe in sachlicher Sprache auf, wie das Mädchen Annemarie aus dieser Sicht aussieht.

Die Beine sind ____________________

Die Füße sind ____________________

Der Hals ist ____________________

Die Hände sind ____________________

Die Ohren sind ____________________

Die Knie sind ____________________

3 Wir beurteilen andere Menschen zuerst nach ihrem Äußeren und sehen vor allem die Auffälligkeiten. Das lyrische Ich sieht am Ende des Gedichts weitere Merkmale. Nenne diese Merkmale.

Die Haare sind ____________________

Die Figur ist ____________________

Die Wimpern sind ____________________

Die Augen sind ____________________

4 Man sagt: „Die Augen sind der Spiegel der Seele." Vielleicht sieht das lyrische Ich in Annemaries Augen mehr als die Farbe. Was könnte es in diesen Augen noch entdeckt haben? Schreibe deine Vermutung in dein Heft.

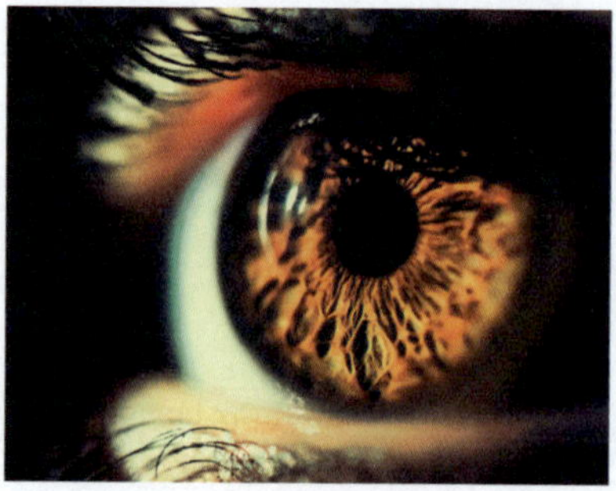

Shutterstock / Milos Batinic

5 Im letzten Vers wird gefragt: „Willst du mit mir ins Kino gehn?" Wie deutest du dieses Angebot, was will das lyrische Ich Annemarie indirekt mitteilen?

6 Das Gedicht heißt „Gedanken einer Schülerin". Könnte es auch Gedanken eines Schülers heißen?

Begründe deine Antwort.

7 Du hast gelernt, dass Gedichte Verse, Strophen und häufig auch ein Reimschema haben. Dieses Gedicht hat 22 Verse, aber nur eine Strophe. Es reimt sich. Wie nennt man diese Art von Reim?

8 Annemarie sieht komisch und schön zugleich aus. Kennst du jemanden, bei der oder dem das auch so ist? Oder kannst du dir so jemanden vorstellen?

Schreibe selbst ein ähnliches Gedicht. Notiere dir dazu Ideen.

Florian Schwinn

Wie wir auf den Hund kamen – Der erste Freund des Menschen

Wie kam der Mensch auf den Hund und damit zu seinem besten Freund? Darüber sind viele Geschichten erzählt worden, die meisten von ihnen reine Fiktion und geprägt von Wunschdenken.

Shutterstock / Holly Kuchera

Nach über 30.000 Jahren kann eine Geschichte schon mal in Vergessenheit geraten. Selbst eine so bedeutende wie die Geburt des unschlagbaren Duos aus Mensch und Hund, das die Welt erobern sollte. Als sich die Frühmenschen zum ersten Mal mit einem anderen Tier zusammenschlossen, waren sie noch keine Menschen in unserem heutigen Sinne, und die Hunde waren noch Wölfe. Gemeinsam sind sie zu den Freunden geworden, die sie heute im Idealfall füreinander sein können. Und gemeinsam heißt: aus freiem Willen. Sie haben einander gewählt. Der Wolf den Menschen und die Steinzeitmenschen den Wolf; zwei Jäger wurden von Konkurrenten zu Gefährten.

Wir wissen heute dank moderner Genetik[1], dass sämtliche Hunde vom eurasischen Wolf abstammen. Unklar ist noch, wann sich die neue Art Canis familiaris von Canis lupus, dem Wolf, getrennt hat. Berechnungen einiger Genetiker legen nahe, dass das schon vor 130.000 Jahren gewesen sein könnte. Dann wären die Menschen, denen sich die Wölfe angeschlossen haben, aber nicht unsere direkten Vorfahren gewesen, sondern Neandertaler. Und das, so denken viele Wissenschaftler bis heute, kann nicht sein, weil sie dem Neandertaler die enorme mentale Leistung nicht zutrauen, ein Raubtier zu domestizieren.

[1] *die Genetik:* Vererbungslehre

Aber selbst wenn es Homo sapiens waren, und damit unsere direkten Vorfahren, denen sich die Wölfe angeschlossen haben, und selbst wenn es nicht so lange her ist – der älteste Hundeschädel ist 33.000 Jahre alt –, fand damals keine „Domestikation" statt. Abgesehen davon, dass es noch gar kein „Domus" gab – das Haus war noch nicht erfunden –, zeigt die heutige Wolfsforschung, dass sich Wölfe nicht zähmen lassen. Selbst wenn sie als Jungtiere mit Menschen leben, kehrt mit der Pubertät die Wildheit zurück. Es müssen sich also Wölfe entschlossen haben, in der Nähe der Menschen zu bleiben oder auch nur, die Nähe der Menschen zu dulden. Heute geht die Forschung davon aus, dass es sich bei der Entwicklung von Mensch und Hund um eine Koevolution handelt, also um eine gemeinsame evolutionäre Veränderung zweier Arten, die lange sehr eng zusammenleben. Tatsächlich haben schon Konrad Lorenz, der Vater der Verhaltensforschung, und Jane Goodall, die Mutter der Primatenfeldforschung[3], gemeinsam darüber nachgedacht, weshalb wir heutigen Menschen uns im Verhalten so sehr von den Schimpansen unterscheiden, unseren selbstsüchtigen nächsten Verwandten. Weshalb können sich moderne Menschen selbstlos verhalten und Fremden helfen? Ein Schimpanse dagegen ist immer auf den eigenen Vorteil bedacht. Die Antwort: Die Menschen haben sich das von den Wölfen abgeschaut. In einem Wolfsrudel wird jedem geholfen, alle kümmern sich um die Aufzucht der Jungen, Kranke werden versorgt und gepflegt, niemand wird allein gelassen. Das haben die Steinzeitjäger gesehen, als sie die Wölfe beobachteten. Und sie haben bemerkt, welch überlegene soziale Organisation das Rudel ist. Es funktioniert wie das Idealbild, das sich die Vereinigten Staaten ins Wappen geschrieben haben: E pluribus unum – Aus vielen eines. Menschen waren schon immer besonders gut darin, durch Nachahmung zu lernen. Das soziale Miteinander, das uns dazu befähigt hat, große Gesellschaften zu bilden, war uns nicht in die Gene gelegt. Das haben wir uns abgeschaut. Das ist der Anteil des Hundes an der Menschwerdung des Affen!

[1] *mental:* geistig
[2] *domestizieren:* zähmen, zum Haustier machen
[3] *die Primaten:* Angehörige einer Menschen, Affen und Halbaffen umfassenden Ordnung der Säugetiere

1. Dieser Artikel ist überraschend, denn wir erfahren, dass wir Menschen nicht die Wölfe domestiziert (zu Haustieren gemacht) haben, sondern dass es davor schon zu einer anderen Entwicklungslinie kam, aus der der heutige Haushund hervorging. Was erfährst du in diesem Artikel über die Schimpansen? Schreibe es in dein Heft.

2. Unsere Vorfahren haben die Wölfe und ihr Verhalten untereinander beobachtet. Notiere, was ihnen dabei aufgefallen ist.

3. Dass Hunde den Menschen nicht nur Gesellschaft leisten, sondern auch für sie arbeiten und nützlich sind, dafür gibt es viele Beispiele. Denke an den Schäferhund, der die Herde zusammenhält. Schreibe weitere Beispiele auf und sprecht in der Klasse darüber.

4. Der Schauspieler Heinz Rühmann sagte einmal: „Natürlich kann man ohne Hund leben, es lohnt sich nur nicht." Nimm Stellung zu dieser Aussage.

Shutterstock / Daz Stock

Antoine de Saint-Exupéry

Der kleine Prinz und der Fuchs

„Guten Tag“, sagte der Fuchs.

„Guten Tag“, antwortete höflich der kleine Prinz, der sich umdrehte, aber nichts sah.

„Ich bin da“, sagte die Stimme, „unter dem Apfelbaum …“

„Wer bist du?“, sagte der kleine Prinz. „Du bist sehr hübsch …“

„Ich bin ein Fuchs“, sagte der Fuchs.

„Komm und spiel mit mir“, schlug ihm der kleine Prinz vor. „Ich bin so traurig …“

„Ich kann nicht mit dir spielen“, sagte der Fuchs. „Ich bin noch nicht gezähmt!“

„Ah, Verzeihung!“, sagte der kleine Prinz.

Aber nach einiger Überlegung fügte er hinzu:

„Was bedeutet ‚zähmen‘?“ […]

„Zähmen, das ist eine in Vergessenheit geratene Sache“, sagte der Fuchs. „Es bedeutet, sich ‚vertraut machen‘.“

„Vertraut machen?“

„Gewiss“, sagte der Fuchs. „Noch bist du für mich nichts als ein kleiner Junge, der hunderttausend kleinen Jungen völlig gleicht. Ich brauche dich nicht, und du brauchst mich ebenso wenig. Ich bin für dich nur ein Fuchs, der hunderttausend Füchsen gleicht. Aber wenn du mich zähmst, werden wir einander brauchen. Du wirst für mich einzig sein in der Welt. Ich werde für dich einzig sein in der Welt. […] Aber wenn du mich zähmst, wird mein Leben wie durchsonnt sein. Ich werde den Klang deines Schrittes kennen, der sich von allen anderen unterscheidet. Die anderen Schritte jagen mich unter die Erde. Der deine wird mich wie Musik aus dem Bau locken. Und dann schau! Du siehst da drüben die Weizenfelder? Ich esse kein Brot. Für mich ist der Weizen zwecklos. Die Weizenfelder erinnern mich an nichts. Und das ist traurig. Aber du hast weizenblondes Haar. Oh, es wird wunderbar sein, wenn du mich einmal gezähmt hast! Das Gold der Weizenfelder wird mich an dich erinnern. Und ich werde das Rauschen des Windes im Getreide lieb gewinnen.“

Der Fuchs verstummte und schaute den kleinen Prinzen lange an. „Bitte … zähme mich!“, sagte er.

„Ich möchte wohl“, antwortete der kleine Prinz, „aber ich habe nicht viel Zeit. Ich muss Freunde finden und viele Dinge kennenlernen.“

„Man kennt nur die Dinge, die man zähmt“, sagte der Fuchs. „Die Menschen haben keine Zeit mehr, irgendetwas kennenzulernen. Sie kaufen sich alles fertig in den Geschäften. Aber da es keine Kaufläden für Freunde gibt, haben die Leute keine Freunde mehr. Wenn du einen Freund willst, so zähme mich!“

„Was muss ich da tun?“, fragte der kleine Prinz.

„Du musst sehr geduldig sein“, antwortete der Fuchs. „Du setzt dich zuerst ein wenig abseits von mir ins Gras. Ich werde dich so verstohlen, so aus dem Augenwinkel anschauen, und du wirst nichts sagen. Die Sprache ist die Quelle der Missverständnisse. Aber jeden Tag wirst du dich ein bisschen näher setzen können …“ […]

So machte der kleine Prinz den Fuchs mit sich vertraut. Und als die Stunde des Abschieds nahe war:

„Ach!“, sagte der Fuchs, „ich werde weinen.“

„Das ist deine Schuld“, sagte der kleine Prinz, „ich wünschte dir nichts Übles, aber du hast gewollt, dass ich dich zähme …“

„Gewiss“, sagte der Fuchs.

„Aber nun wirst du weinen!“, sagte der kleine Prinz.

„Bestimmt“, sagte der Fuchs.

„So hast du also nichts gewonnen!“

„Ich habe“, sagte der Fuchs, „die Farbe des Weizens gewonnen.“

[…] „Adieu“, sagte der kleine Prinz.

„Adieu“, sagte der Fuchs. „Hier mein Geheimnis. Es ist ganz einfach: Man sieht nur mit dem Herzen gut. Das Wesentliche ist für die Augen unsichtbar.“
„Das Wesentliche ist für die Augen unsichtbar“, wiederholte der kleine Prinz, um es sich zu merken.

1 Der Begriff „zähmen“ wird mehrfach vom Fuchs verwendet. Schreibe die Textstellen mit Zeilenangabe in dein Heft, in denen er den Begriff „zähmen“ mit positiven Dingen verbindet.

2 Der Fuchs beschreibt dem kleinen Prinzen, wie ihre Freundschaft sein Leben bereichern wird. Dabei benutzt er Wortbilder, sogenannte Metaphern. Fasse seine Beschreibungen mit eigenen Worten zusammen.

Die Schritte des kleinen Prinzen ______________________

____

____

Die Farbe des Weizens ______________________

____

____

3 Als der Abschied naht und der Fuchs traurig ist, sagt der kleine Prinz, dass er selbst schuld sei, denn er hätte ja gewollt, dass sie Freunde werden. Er sagt zum Fuchs: „So hast du also nichts gewonnen!“ (Z. 59) Und der Fuchs antwortet: „Ich habe die Farbe des Weizens gewonnen.“ (Z. 60) Was will er dem kleinen Prinzen damit sagen? Tauscht euch darüber aus.

4 Zum Abschied sagt der Fuchs zum kleinen Prinzen: „Man sieht nur mit dem Herzen gut. Das Wesentliche ist für die Augen unsichtbar.“ (Z. 63–64) Was möchte er damit ausdrücken?

Bertolt Brecht

Freundschaftsdienste

Als Beispiel für die richtige Art, Freunden einen Dienst zu erweisen, gab Herr K. folgende Geschichte zum besten: „Zu einem alten Araber kamen drei junge Leute und sagten ihm: ‚Unser Vater ist gestorben. Er hat uns siebzehn Kamele hinterlassen und im Testament verfügt, daß der Älteste die Hälfte, der Zweite ein Drittel und der Jüngste ein Neuntel der Kamele bekommen soll. Jetzt können wir uns über die Teilung nicht einigen: übernimm du die Entscheidung!' Der Araber dachte nach und sagte: ‚Wie ich es sehe, habt ihr, um gut teilen zu können, ein Kamel zu wenig. Ich habe selbst nur ein einziges Kamel, aber es steht euch zur Verfügung. Nehmt es und teilt dann, und bringt mir nur, was übrigbleibt.' Sie bedankten sich für diesen Freundschaftsdienst, nahmen das Kamel mit und teilten die achtzehn Kamele nun so, daß der Älteste die Hälfte, das sind neun, der Zweite ein Drittel, das sind sechs, und der Jüngste ein Neuntel, das sind zwei Kamele bekam. Zu ihrem Erstaunen blieb, als sie ihre Kamele zur Seite geführt hatten, ein Kamel übrig. Dieses brachten sie, ihren Dank erneuernd, ihrem alten Freund zurück."
Herr K. nannte diesen Freundschaftsdienst richtig, weil er keine besonderen Opfer verlangte. R

1. Die Redewendung „jemandem einen Freundschaftsdienst erweisen" kannst du mit anderen Worten ausdrücken. Versuche es!

____

____

____

2. Bertolt Brecht hat viele Geschichten geschrieben, in denen Herr K. vorkommt. Herr K. ist Herr Keuner, was im Dialekt „keiner"

bedeutet. Er ist eine Person ohne Eigenschaften, und wenn er von anderen um Rat gefragt wird, dann gibt er ihnen Lebensweisheiten zur Antwort.
Die drei Brüder haben mit der Hilfe des alten Freundes einen Erbstreit vermieden.
Beschreibe in deinem Heft, wie ihnen geholfen wurde.

mauritius images / Mariano Garcia / Alamy
(Bertolt Brecht, 1898–1956)

3 Bei dem Text handelt es sich um eine Parabel. Eine Parabel ist eine Kurzgeschichte, die von den Leserinnen und Lesern „entschlüsselt" werden muss. In einer Parabel wird das eigentlich Gemeinte in eine Geschichte eingebettet und die Lehre muss, ähnlich wie bei einer Fabel, aus der bildhaften Umschreibung herausgelesen werden. Formuliere die Lehre dieser Parabel von Bertolt Brecht in deinem Heft.

4 Der Titel der Parabel heißt „Freundschaftsdienste" und nicht „Der Freundschaftsdienst", obwohl wir nur von einer Situation erfahren. Überlege, weshalb Brecht diesen Titel in den Plural (Mehrzahl) gesetzt hat. Sprich mit deinen Mitschülerinnen und Mitschülern darüber. Vergleicht eure Lösungen.

5 Der letzte Satz lautet: „Herr K. nannte diesen Freundschaftsdienst richtig, weil er keine besonderen Opfer verlangte." Was ist damit gemeint? Streiche die Sätze durch, die wahrscheinlich nicht zutreffen.

Freunden darf man nicht zu viele Opfer abverlangen.

Es war kein richtiger Freundschaftsdienst, weil der Araber sein Kamel zurückbekam.

Ein echter Freundschaftsdienst ist an keine Bedingung geknüpft.

Zitate zum Thema „Freundschaft"

1 Lies die folgenden Zitate.

„Freunde, die man um vier Uhr morgens anrufen kann, die zählen."
Marlene Dietrich (1901–1992)

„Wirklich gute Freunde sind Menschen, die uns genau kennen und trotzdem zu uns halten."
Marie von Ebner-Eschenbach (1830–1916)

„Der beste Weg, einen Freund zu haben, ist der, selbst einer zu sein."
Ralph Waldo Emerson (1803–1882)

„Es ist schlimm, erst dann zu merken, dass man keine Freunde hat, wenn man Freunde nötig hat."
Plutarch (4. Jh. v. Chr.)

„Den Schmerz vertraut man nur dem Freund, das Glück teilt man mit jedem."
Otto Ludwig (1813–1865)

„Tiere sind die besten Freunde. Sie stellen keine Fragen und kritisieren nicht."
Mark Twain (1835–1910)

„Einen sicheren Freund erkennt man in unsicherer Sache."
Cicero (106–43 v. Chr.)

„Ein bisschen Freundschaft ist mehr wert als die Bewunderung der ganzen Welt."
Otto von Bismarck (1815–1898)

2 Notiere das Zitat, das dich am meisten anspricht.

____

____

____

3 Formuliere das Zitat mit deinen eigenen Worten.

____

____

____

4 Tausche dich mit einer Mitschülerin oder einem Mitschüler darüber aus.

Shutterstock / Kaesler Media

5 Versucht gemeinsam, eine eigene Erfahrung oder Überlegung zum Thema „Freundschaft" in einem Satz auszudrücken.

____

____

Sabine Mähring

Gute Freunde, schlechte Freunde

Montagmorgen. Herr Brunner, unser Klassenlehrer kommt in den Raum, gefolgt von einem Jungen. Er stellt ihn uns vor: „Guten Morgen zusammen. Ihr habt einen neuen Mitschüler, das ist Mats Heller. Mats, möchtest du selbst etwas sagen?" Der Junge schaut kurz in die Klasse und schüttelt dann den Kopf. „O.k. Dann nur so viel: Mats ist aus Neustadt zugezogen und wohnt seit gestern hier bei uns in Kirchheim. Mats, setz dich doch bitte hier vorne neben Leni. Deine Bücher bekommst du nach der großen Pause. Und du, Leni, sagst Mats, was er wissen muss, um hier an der Schule gut anzukommen." Nachdem ich mich von meinem Schrecken erholt habe, betrachte ich den Neuen verstohlen von der Seite. Er sieht nicht aus wie ein Siebtklässler, ich würde ihn höchstens auf zwölf schätzen. Vielleicht auch nur, weil er so klein und zierlich ist. Seine blonden kurzen Haare stehen in alle Richtungen. Ob das Absicht war oder hat er sich nicht gekämmt. Er schaut mit gesenktem Kopf nach vorne. Erst als ich das Mathebuch zu ihm rüberschiebe, damit wir zusammen reinschauen können, wirft er mir einen kurzen Blick zu.

Nachdem die beiden Mathestunden vorbei sind, stehen alle auf, um in die Pause zu gehen. Ich sage zu dem Neuen: „Komm, ich zeig dir alles", und er folgt mir, die Hände tief in die Hosentaschen gesteckt. „Gehen wir erst mal zum Bäcker, der ist in der Aula." Aber Mats will nichts essen. Vielleicht ist er deshalb so klein. Wir gehen auf den Hof und ich erkläre ihm, wo das Pausengelände endet. Er fragt: „Und wo kann man hier mal eine rauchen?" Ich brauche einen Moment, bevor ich auf seine Frage reagieren kann. Möglichst cool antworte ich: „Das Rauchen ist auf dem gesamten Schulgelände verboten. Handys übrigens auch."

Seine Miene bleibt unverändert und er fragt: „Und wo sind die Toiletten?“ Ich zeige sie ihm und bleibe in der Nähe stehen, um auf ihn zu warten. Ich soll ihm ja alles zeigen. Nachdem es das erste Mal geklingelt hat, kommt er wieder raus. „Jetzt müssen wir zurück ins Klassenzimmer. Die Fachräume zeige ich dir dann später.“ Er sagt nichts und läuft neben mir her, die Hände weiterhin in den Hosentaschen vergraben.

Als der Unterricht für heute beendet ist und wir eingepackt haben, verlassen der Neue und ich zusammen das Klassenzimmer. Auf dem Schulhof frage ich ihn, wo er wohnt: „Im Rübgarten“, ist seine knappe Antwort. „Oh, ich wohne am anderen Ortsende. Dann bis morgen. Ach übrigens, morgen haben wir in den ersten beiden Stunden Sport. Vergiss deine Sportsachen nicht, Herr Kremer reagiert sehr sauer, wenn jemand nicht mitmachen kann.“ Mats nickt mir kurz zu und verschwindet. Komischer Kerl, denke ich und mache mich auf den Nachhauseweg.

Dienstagmorgen. Ich komme aus der Sporthalle und lasse mich erschöpft auf meinen Stuhl im Klassenzimmer fallen. Einige der Jungs sind schon da. Ich sehe immer wieder zur Tür. Mats kommt nicht. Ich frage Pascal: „Sag mal, war der Neue nicht im Sportunterricht?“ – „Nein, der war nicht da.“ Ob er wohl krank ist, frage ich mich.

Mittwochmorgen. Ich packe die Englischsachen aus und sehe aus dem Augenwinkel, wie sich Mats noch vor Frau Heinemann ins Klassenzimmer schiebt und neben mir auf den leeren Stuhl gleitet. „Hallo“, flüstere ich, „ich habe dich schon vermisst.“ Er sieht mich kurz an und nickt nur wieder.

Zu Beginn der großen Pause überlege ich kurz, ob ich ihn einfach stehen lassen soll. Er scheint ja kein großes Interesse zu haben, dass ich ihn begleite. Da dreht er sich zu mir um und sagt: „Zeigst du mir jetzt die Fachräume?“ Ich will ihn nicht merken lassen, dass ich mich über sein Interesse freue, und diesmal ist es an mir, einfach nur zu nicken. Nachdem wir alles abgelaufen sind, frage ich: „Wie gefällt es dir hier in der Schule und in Kirchheim? Im Vergleich zu Neustadt sind wir natürlich ein Kaff.“ – „Mir ist egal, wo ich wohne. Hauptsache, ein Bahnhof ist in der Nähe.“ – „Hast du Geschwister?“ – „Nein, ich wohne mit meiner

Mutter alleine." – „Kommt ihr klar miteinander?" – „Keine Ahnung, ich sehe sie kaum, sie arbeitet Schicht in einem Hotel in Neustadt." – „Warum seid ihr dann hierhergezogen?" – „Weil meine Mutter glaubt, dass Kinder auf dem Land gesünder leben." Er zieht verächtlich die Nase hoch. Ich bin froh, dass es klingelt und ich darauf nichts antworten muss.

Unsere Deutschlehrerin erzählt uns begeistert, dass wir mit ihr ins Theater gehen dürfen. Sie gibt uns einen Brief an die Eltern mit, damit diese informiert sind, dass sie uns hinfahren und abholen sollen. Ich sage zu Mats: „Du kannst gerne mit uns fahren, meine Mutter fährt mich immer, weil sie mich nicht bei anderen mitfahren lassen will." Mats nickt wieder nur. Nach Unterrichtsschluss tauschen wir unsere Handynummern und verabschieden uns.

Donnerstagmorgen. Durch das Klassenzimmerfenster sehe ich Mats neben einer Frau stehen. Seine Mutter wahrscheinlich. Auch sie ist klein und zierlich, hat aber dunkle lange Haare. Aufgeregt redet sie auf Herrn Brunner ein, der hin und wieder nickt und zu Mats hinsieht. Der steht mit gesenktem Kopf daneben, als wenn ihn das Ganze nichts anginge. Ich unterhalte mich mit Mitschülern, sehe aber gerade noch, wie Herr Brunner das Gespräch mit Mats' Mutter beendet. Sie dreht sich um und stolziert eiligen Schrittes davon, ohne Mats auch nur einen Blick zugeworfen zu haben. Sie scheint sehr wütend auf ihn zu sein. Ob er mir erzählt, was vorgefallen ist? Dazu ist erst einmal keine Gelegenheit mehr, denn Herr Brunner startet sofort den Unterricht. Auch er wirkt aufgebracht. In der Pause frage ich Mats: „Hattest du Stress mit deiner Mutter?" – „So kann man es auch nennen", sagt er mit einem Lacher, der so gar nicht fröhlich klingt. „Die Polizei hat sie mir auf den Hals gehetzt." Nachdem er nichts mehr sagt, wage ich auch nicht, weitere Fragen zu stellen. Mats verschwindet in den Toiletten und kommt erst am Ende der Pause wieder raus.

Er hat rote Augen. Ob er geweint hat? Mein Herz zieht sich zusammen und ich würde ihn gerne in den Arm nehmen und trösten. Aber er wirkt so abwesend und unnahbar, dass ich beschließe, ihn in Ruhe zu lassen.

Am Freitag kommt Mats nicht in die Schule. In der Pause schließe ich mich in einer Toilette ein und schreibe: „Bist du krank?" Ich erhalte keine Antwort. Auch am Wochenende nicht.

Montagmorgen ist er wieder da und ich frage ihn: „Warum hast du mir nicht geantwortet?" – „Worauf?" – „Auf meine WhatsApp am Freitag." – „Meine Mutter hat mir mein Handy abgenommen." In der Pause und nach der Schule geht er mir aus dem Weg. „Komischer Vogel", sagt Maik, „warum redet der nichts?" Ich kann es nicht beantworten, aber ich spüre Mats Traurigkeit, seine Einsamkeit, seine Mutlosigkeit. Ich wünschte, ich könnte ihm helfen.

Dienstag, Mittwoch, Donnerstag, Mats kommt nicht in die Schule. Ich sehe viele Male auf mein Display, keine Nachricht von ihm. Als er Freitag zehn Minuten zu spät im Klassenzimmer auftaucht, bin ich erleichtert.

Herr Brunner reagiert überraschend gleichgültig. Mats nickt mir wie gewohnt zu und ich erwidere seinen stummen Gruß mit einem Lächeln. Zu Beginn der Pause verwickle ich ihn gleich in ein Gespräch, damit er nicht wieder Richtung Toiletten verschwinden kann. „Toll, dass du wieder da bist. Heute fahren wir doch nach Neustadt ins Theater. Meine Mutter sagt, du sollst um vier hier zum Busbahnhof der Schule kommen, dann nehmen wir dich mit."

Als wir fast pünktlich dort ankommen, steht Mats schon bereit. Wie immer hat er seinen schwarzen Rucksack über die rechte Schulter gehängt. Er trägt dieselben Sachen wie am Vormittag, obwohl unsere Lehrerin gesagt hat, wir sollen uns ein bisschen schick machen. Mit einem kurzen „Hallo" steigt er hinten rechts ein. Ich versuche, ihn in ein Gespräch zu ziehen, aber nachdem seine Antworten sehr einsilbig ausfallen, gebe ich es auf und rede nur noch mit meiner Mutter. Sie setzt uns vor dem Theater ab und verspricht, pünktlich um 20.00 Uhr wieder hier zu sein, um uns abzuholen. Das Theaterstück ist ganz o.k.; es geht um eine junge Frau, die ungewollt schwanger wird. Ihr Freund, ein Drogensüchtiger, lässt sie sitzen und sie denkt an Abtreibung und Selbstmord, bis sie auf Hanna trifft, eine Sozialarbeiterin, die ihr hilft, ihr Leben wieder in den Griff zu bekommen. Als wir uns am Ende von unserer Lehrerin verabschiedet haben, versuche ich auf dem Weg zum Auto von Mats eine Stellungnahme zum gesehenen Stück zu bekommen. Er brummt: „Ich kann diese Sozialkacke nicht mehr ertragen." Bevor ich die Beifahrertür öffnen kann, sagt er noch: „Ich fahre nicht mit euch zurück. Treff mich noch mit meinem Vater. Ciao." Überrascht lasse ich mich ins Auto fallen. Meine Mutter sagt mit erhobener Stimme: „Was ist denn mit deinem Freund los? Der soll doch mit uns zurückfahren." Ich erzähle ihr, dass er sich noch mit seinem Vater trifft, aber meine Mutter lässt sich nicht beruhigen. „Ich fühle mich für den Jungen verantwortlich. Was ist, wenn er dich angelogen hat? Ich werde Herrn Brunner anrufen, sobald wir zu Hause sind."

Am folgenden Montag ist Mats wieder nicht in der Schule. Als ich nach Hause komme, sagt meine Mutter: „Stell dir vor, wen ich heute Vormittag in Neustadt gesehen habe, als ich vom Zahnarzt zum Parkhaus zurückging." Ich zucke mit den Schultern. „Deinen Freund Mats! Er saß rauchend auf einer der Bänke an der Martinskirche. Und er war nicht allein. Es gab dort eine ganze Gruppe junger Leute, alle mit Bierflasche oder Zigarette in der Hand; und alle sahen so aus, als hätten sie schon lange nicht mehr geduscht. Ich habe Herrn Brunner schon informiert. Leni, ich habe ihn auch gebeten, dich von diesem Jungen wegzusetzen. Der taugt nichts und ich will nicht, dass er dich in irgendwas reinzieht. Du kennst das Sprichwort: „Sag mir, mit wem du gehst und ich sag dir, wer du bist."

Wortlos gehe ich in mein Zimmer. Ich weiß nicht, was mehr wehtut, die Übergriffigkeit meiner Mutter, die mir nicht zutraut, mein Leben selbst zu regeln, oder der Verlust eines Freundes, den ich noch gar nicht wirklich kennengelernt habe. Wenn Mats erfährt, dass ihn meine Mutter bei Herrn Brunner verpetzt hat, will er sicher nichts mehr mit mir zu tun haben.

Aber so weit kommt es gar nicht. Gerade, als ich ins Bett gehen soll und mein Handy ausschalten will, bekomme ich eine Nachricht von Mats: „Bin mit Freunden in Frankfurt. Super Stadt." Ich antworte ihm nicht und schalte das Handy aus. Meine Gedanken ziehen wie eine Karawane immer und immer wieder durch den Kopf und lassen mich nicht einschlafen. Am nächsten Morgen höre ich den Wecker nicht und meine Mutter muss mich zur Schule fahren, damit ich nicht zu spät komme. Mit Mats kann ich nicht rechnen, der sitzt in Frankfurt statt im Klassenzimmer. Ob er je zurückkommt oder vielleicht auf Wanderschaft geht, eine Weltreise macht? Meine innere Frage wird bald von Herrn Brunner beantwortet. Als er das Klassenzimmer betritt, hat er Sorgenfalten auf der Stirn. „Ich muss euch etwas mitteilen. Mats Heller wird nicht an unsere Schule zurückkehren. Er wird ab sofort ein Internat besuchen."

Nach dieser Nachricht kann ich mich nicht mehr auf den Unterricht konzentrieren.

Ich gehe vor der Pause zu Herrn Brunner und versuche, mehr herauszubekommen.

Er sagt mir, dass Mats letzte Nacht von der Polizei in Frankfurt aufgegriffen wurde, total bekifft. Er wurde in eine soziale Einrichtung gebracht. Seine Mutter habe die Nase voll von solchen Aktionen, die wohl immer wieder mal vorkämen, und sie würde es für besser halten, Mats der Obhut des Jugendamtes zu überlassen.

Ich habe seither viele Male versucht, Mats zu schreiben.

Die Nachrichten kommen nicht an.

1 Leni will Mats helfen. Nenne drei Textstellen mit Zeilenangabe, in denen sie Mats behilflich ist.

____

____

2 Mats erzählt nicht viel. Schreibe die Informationen auf, die Leni von ihm erhält.

3 „Sag mir, mit wem du gehst und ich sag dir, wer du bist."
Erläutere dieses Sprichwort im Zusammenhang mit dem Text.

4 Die Mutter von Leni möchte nicht, dass ihre Tochter sich weiterhin mit Mats beschäftigt. Was befürchtet sie? Formuliere Stichpunkte.

5 Hat dich eine Freundin oder ein Freund schon einmal in eine schwierige Situation gebracht? Tausche dich mit einer Mitschülerin oder einem Mitschüler darüber aus.

Ingo Leven

Virtuelle Freunde enttäuschen

Was macht echte Freunde aus? Jugendforscher Ingo Leven weiß, wie uns Menschen nah sein können.

Sie als Freundschaftsexperte: Was ist eigentlich ein Freund?
Eine Freundschaft besteht im nahen sozialen Umfeld. Freunde sind Menschen, denen man sich anvertrauen kann. Bei denen man sich auch mal fallen lassen und über die Dinge sprechen kann, die einen beschäftigen. Den meisten sind Spaß, Vertrauen und Zusammenhalt in einer Freundschaft am wichtigsten.

Ändert sich unser Verständnis von Freundschaft durch Soziale Medien?
Schauen wir uns das alltägliche Verhalten an: Das Miteinander von Freunden im wirklichen Leben und das Chatten muss unterschieden werden. Chatten ist eher eine lose und unverbindliche Kommunikation. Viele haben aber das Gefühl, ständig online sein zu müssen, weil sie sonst etwas verpassen könnten. Manche Eltern geben es jetzt schon auf, ihren Kindern das Smartphone am Esstisch zu verbieten. Andererseits kann man durch Soziale Medien aber auch mit Freunden in Kontakt bleiben, die Tausende Kilometer entfernt wohnen.

Shutterstock / Robert Kneschke

Die Sozialen Medien haben also teilweise positive Auswirkungen auf Freundschaften?
Ja, man kann einfach viel mehr Leute an seinem Leben teilhaben lassen – zum Beispiel Jugendliche, die ihre Familie im Ausland haben. Man kann Bilder hochladen oder einen Blog schreiben. Das sorgt für Nähe zu den Freunden und Verwandten, auch wenn man sich nur ein- oder zweimal auf Familienfeiern getroffen hat.

Was halten Sie von rein virtuellen Freundschaften?

Ich glaube, dass sie bislang eher Randphänomene sind. Meistens haben digital geführte Freundschaften auch einen Bezugspunkt im echten Leben, denn Freundschaften sind ja ein wesentlicher Bestandteil unseres Alltags. Man kommt beispielsweise in die Schule und findet fast zwangsläufig Freunde im Klassenverbund. Oder man findet Freunde in seiner Freizeit, beim Sport oder wenn man sich gemeinsam mit anderen künstlerisch betätigt. Doch das wird sich ändern: In Zukunft wird es mehr rein virtuelle Freundschaften geben, die dann durchaus auch das ganze Leben halten können. Denn sich in echt über den Weg zu laufen, ist heute bei all den Sozialen Medien ja nicht mehr unbedingt erforderlich. Wichtig ist aber zu betonen, dass auch virtuelle Freundschaften gemeinsame Interessen als Grundlage brauchen: Man steht etwa auf dieselben Manga-Comics oder spielt das gleiche Online-Game.

Gibt es denn auch Gefahren bei rein virtuellen Freundschaften?

Ja, beispielsweise wenn man sich im Netz über ein gemeinsames Hobby oder Interesse kennenlernt und dann vielleicht etwas auf die virtuelle Person überträgt, was gar nicht stimmt. Trifft man diese Person dann schließlich auch im echten Leben, kann man leicht enttäuscht werden, weil dieser Mensch dann doch gar nicht so sympathisch ist, wie man dachte.

Was können weitere Gefahren von virtuellen Beziehungen sein?

Neben der Enttäuschung beim echten Treffen kann es auch zu Cybermobbing kommen. Wenn sich jemand einem vermeintlichen Freund anvertraut und zum Beispiel sagt, dass er wegen einer schlechten Schulnote niedergeschlagen ist, kann der falsche Freund daraufhin einen Screenshot der Nachricht in einer WhatsApp-Gruppe oder woanders verbreiten. Und schon denken alle: Was ist denn mit dem los? Schafft der die Schule etwa nicht? Bei so einem Vertrauensmissbrauch geht eine Freundschaft schnell in die Brüche – allerdings auch eine offline geführte.

Worin sehen Sie die größte Herausforderung bei virtueller Freundschaft?
Die sehe ich in den unterschiedlichen Erwartungshaltungen. Viele fühlen den Druck, ständig aufs Smartphone schauen zu müssen, weil sich die andere Person eine direkte Reaktion wünschen könnte. Von engen Freunden erwartet man ja mitunter Antworten innerhalb von Sekunden, während man bei anderen Freunden und bei Bekannten gelassener ist. Da fühlt man sich up to date, wenn man nur passiv ihre Posts verfolgt. Freunde sollten also untereinander klären, wie sie miteinander kommunizieren möchten.

1. In den Zeilen 60–61 wird der Begriff „der falsche Freund" gebraucht. Schreibe auf, wie du allgemein einen falschen Freund definieren würdest.

____

____

2. Die sozialen Medien haben teilweise positive Auswirkungen auf Freundschaften. Notiere die im Text genannten Beispiele.

____

3. Nenne Gefahren von virtuellen Beziehungen. Tauscht euch darüber mit euren Mitschülerinnen und Mitschülern aus.

4. Sind Freundschaften im Netz möglich? Begründe deine Meinung.

____

____

____

____

1 Lies die folgende Ballade, die den Titel „Die Bürgschaft" trägt. Eine Bürgschaft bedeutet, dass einer für die Schuld des anderen einsteht und sie im Notfall übernimmt.

mauritius images / H.-D. Falkenstein
(Friedrich Schiller, 1759–1805)

Friedrich Schiller

Die Bürgschaft

Zu Dionys[1], dem Tyrannen[2], schlich
Möros, den Dolch im Gewande;
Ihn schlugen die Häscher[3] in Bande.
„Was wolltest du mit dem Dolche, sprich!"
Entgegnet ihm finster der Wüterich.
„Die Stadt vom Tyrannen befreien!"
„Das sollst du am Kreuze bereuen."

„Ich bin", spricht jener, „zu sterben bereit
Und bitte nicht um mein Leben,
Doch willst du Gnade mir geben,
Ich flehe dich um drei Tage Zeit,
Bis ich die Schwester dem Gatten gefreit[4],
Ich lasse den Freund dir als Bürgen,
Ihn magst du, entrinn ich, erwürgen[5]."

Da lächelt der König mit arger List
Und spricht nach kurzem Bedenken:
„Drei Tage will ich dir schenken.
Doch wisse! Wenn sie verstrichen, die Frist,
Eh' du zurück mir gegeben bist,
So muss er statt deiner erblassen,
Doch dir ist die Strafe erlassen."

[1] *Dionys:* griechischer Gott
[2] *der Tyrann:* Alleinherrscher
[3] *die Häscher:* Personen, die jemanden verfolgen und ergreifen
[4] *gefreit:* verheiraten
[5] *erwürgen:* allgemein für „töten"

Und er kommt zum Freunde: „Der König gebeut[6],
Dass ich am Kreuz mit dem Leben
Bezahle das frevelnde Streben,
Doch will er mir gönnen drei Tage Zeit,
Bis ich die Schwester dem Gatten gefreit,
So bleib du dem König zum Pfande,
Bis ich komme, zu lösen die Bande."

Und schweigend umarmt ihn der treue Freund
Und liefert sich aus dem Tyrannen,
Der andere ziehet von dannen.
Und ehe das dritte Morgenrot scheint,
Hat er schnell mit dem Gatten die Schwester vereint,
Eilt heim mit sorgender Seele,
Damit er die Frist nicht verfehle.

Da gießt unendlicher Regen herab,
Von den Bergen stürzen die Quellen,
Und die Bäche, die Ströme schwellen.
Und er kommt ans Ufer mit wanderndem Stab,
Da reißet die Brücke der Strudel hinab,
Und donnernd sprengen die Wogen
Des Gewölbes krachenden Bogen.

Und trostlos irrt er an Ufers Rand,
Wie weit er auch spähet und blicket
Und die Stimme, die rufende, schicket,
Da stößet kein Nachen[7] vom sichern Strand,
Der ihn setze an das gewünschte Land,
Kein Schiffer lenket die Fähre,
Und der wilde Strom wird zum Meere.

[6] *gebeut:* eine Form von „gebieten" und bedeutet „befehlen"
[7] *der Nachen:* kleines Boot, ein Einbaum

Da sinkt er ans Ufer und weint und fleht,
Die Hände zum Zeus[8] erhoben:
„O hemme des Stromes Toben!
Es eilen die Stunden, im Mittag steht
Die Sonne, und wenn sie niedergeht
Und ich kann die Stadt nicht erreichen,
So muss der Freund mir erbleichen."

Doch wachsend erneut sich des Stromes Wut,
Und Welle auf Welle zerrinnet,
Und Stunde an Stunde entrinnet.
Da treibt ihn die Angst, da fasst er sich Mut
Und wirft sich hinein in die brausende Flut
Und teilt mit gewaltigen Armen
Den Strom, und ein Gott hat Erbarmen.

Und gewinnt das Ufer und eilet fort
Und danket dem rettenden Gotte,
Da stürzet die raubende Rotte[9]
Hervor aus des Waldes nächtlichem Ort,
Den Pfad ihm sperrend, und schnaubet Mord
Und hemmet des Wanderers Eile
Mit drohend geschwungener Keule.

„Was wollt ihr?", ruft er für Schrecken bleich.
„Ich habe nichts als mein Leben,
Das muss ich dem Könige geben!"
Und entreißt die Keule dem Nächsten gleich:
„Um des Freundes willen erbarmet euch!"
Und drei mit gewaltigen Streichen[10]
Erlegt er, die andern entweichen.

[8] *Zeus:* der mächtigste griechische Gott
[9] *die Rotte:* bezeichnet eine Reihe von hintereinanderstehenden Soldaten; hier gemeint: Räuberbande
[10] *der Streich:* Schlag, Hieb

Und die Sonne versendet glühenden Brand,
Und von der unendlichen Mühe
Ermattet sinken die Kniee.
„O hast du mich gnädig aus Räubershand,
Aus dem Strom mich gerettet ans heilige Land[11],
Und soll hier verschmachtend verderben,
Und der Freund mir, der liebende, sterben!"

Und horch! da sprudelt es silberhell,
Ganz nahe, wie rieselndes Rauschen
Und stille hält er zu lauschen,
Und sieh, aus dem Felsen, geschwätzig, schnell,
Springt murmelnd hervor ein lebendiger Quell,
Und freudig bückt er sich nieder
Und erfrischet die brennenden Glieder.

Und die Sonne blickt durch der Zweige Grün
Und malt auf den glänzenden Matten
Der Bäume gigantische Schatten;
Und zwei Wanderer sieht er die Straße ziehn,
Will eilenden Laufes vorüberfliehn,
Da hört er die Worte sie sagen:
„Jetzt wird er ans Kreuz geschlagen."

Und die Angst beflügelt den eilenden Fuß,
Ihn jagen der Sorge Qualen,
Da schimmern in Abendrots Strahlen
Von ferne die Zinnen[12] von Syrakus,
Und entgegen kommt ihm Philostratus[13],
Des Hauses redlicher Hüter,
Der erkennet entsetzt den Gebieter:

[11] *heilige:* Gemeint ist das Heil bringende Land, das rettende Land.
[12] *die Zinne:* Auf den Wehrmauern von Burgen sind oft gemauerte Aufsätze zu finden, die als Zinnen bezeichnet werden.
[13] *Philostratus:* Name einer erfundenen Person

„Zurück! du rettest den Freund nicht mehr,
So rette das eigene Leben!
Den Tod erleidet er eben.
Von Stunde zu Stunde gewartet' er
Mit hoffender Seele der Wiederkehr,
Ihm konnte den mutigen Glauben
Der Hohn des Tyrannen nicht rauben."

„Und ist es zu spät und kann ich ihm nicht
Ein Retter willkommen erscheinen,
So soll mich der Tod ihm vereinen.
Des rühme der blut'ge Tyrann sich nicht,
Dass der Freund dem Freunde gebrochen die Pflicht,
Er schlachte der Opfer zweie
Und glaube an Liebe und Treue."

Und die Sonne geht unter, da steht er am Tor[14]
Und sieht das Kreuz schon erhöhet,
Das die Menge gaffend umstehet,
An dem Seile schon zieht man den Freund empor,
Da zertrennt er gewaltig den dichten Chor[15]:
„Mich, Henker", ruft er, „erwürget!
Da bin ich, für den er gebürget!"

Und Erstaunen ergreifet das Volk umher,
In den Armen liegen sich beide
Und weinen vor Schmerzen und Freude.
Da sieht man kein Auge tränenleer,
Und zum Könige bringt man die Wundermär[16],
Der fühlt ein menschliches Rühren,
Lässt schnell vor den Thron sie führen.

[14] *am Tor:* Hier befanden sich im Allgemeinen die Hinrichtungsstätten.
[15] der *Chor:* auch Kreis, Reigen
[16] die *Wundermär:* Wundergeschichte

Und blicket sie lange verwundert an.
Drauf spricht er: „Es ist euch gelungen,
Ihr habt das Herz mir bezwungen,
Und die Treue, sie ist doch kein leerer Wahn,
So nehmet auch mich zum Genossen an
Ich sei, gewährt mir die Bitte,
In eurem Bunde der Dritte."

2 Lies die Ballade ein zweites Mal und achte dabei auf die Worterklärung zur jeweiligen Fußnote.

3 Im Folgenden erhältst du eine Inhaltsangabe der Ballade, anhand derer du überprüfen kannst, ob du alles verstanden hast. Nummeriere zuvor die 20 Strophen in der Ballade durch.

Strophen 1–3: Möros wird verurteilt
Der Tyrann Dionys verurteilt Möros zur Kreuzigung, weil er den Tyrannen töten wollte. Er gibt ihm drei Tage frei, um seine Schwester zu verheiraten. Sein Freund bürgt mit dem Leben für Möros.

Strophen 4–5: Möros verheiratet seine Schwester
Der Freund nimmt den Vorschlag von Möros gerührt an. Möros zieht fort und tritt nach der Vollendung der Trauung die Rückreise an.

Strophen 6–9: Möros schwimmt durch den Fluss
Der Fluss ist durch ein Unwetter angeschwollen und scheint nicht überwunden werden zu können. Kein Boot ist da, das ihn über den Fluss setzen könnte. Möros weint und fleht zu den Göttern. Mit großer Mühe schwimmt er schließlich durch den Fluss an das andere Ufer.

Strophen 10–11: Überfall der Räuber
Im Wald wird Möros von mordbereiten Räubern überfallen. Er entreißt einem Räuber die Keule und erschlägt damit drei Räuber. Die anderen fliehen.

Strophen 12–13: Möros ist dem Verdursten nahe
Die Mittagssonne brennt auf Möros hinunter. Er fleht zu den Göttern, ihn zu retten. Aus einem Felsen springt plötzlich eine Quelle hervor, aus der er trinken kann.

Strophen 14: Wanderer berichten von der nahen Hinrichtung
Als die Sonne untergeht, hört Möros von zwei Wanderern, dass die Hinrichtung seines Freundes nahe bevorsteht.

Strophen 15–17: Philostratus will Möros aufhalten
Bei Sonnenuntergang, als Möros die Stadt aus der Ferne erblickt, begegnet er seinem Hausverwalter Philostratus, der ihn zurückzuhalten versucht. Möros solle sein eigenes Leben retten, sein Freund wäre verloren. Seine Freundespflicht ist ihm aber heilig. Daher begibt sich Möros in die Stadt.

Strophe 18–19: Möros verhindert die Hinrichtung
Bei Sonnenuntergang kommt Möros noch rechtzeitig, um den Freund zu retten. Die gaffende Menge erwartet bereits die Hinrichtung, die nun verhindert werden kann. Die Ankunft von Möros wird an den König gemeldet. Dieser ist gerührt und lässt beide vorführen.

Strophe 20: Der Tyrann will in den Freundesbund eintreten
Der König ist überrascht von der fabelhaften Treue der Freunde zueinander. Er wünscht, in ihren Freundschaftsbund aufgenommen zu werden. Möros und seinem Freund schenkt er das Leben.

4 Schreibe die Zeilen auf, die zu folgenden Überschriften passen:

Errettung des Freundes: ______________________

Hochwasser verhindert Rückkehr: ______________________

Attentatsversuch und Verurteilung: ______________________

Begnadigung und Versöhnung: ______________________________

letzter Aufschub der Kreuzigung: ______________________________

Bürgschaft des Freundes: ______________________________

5 Friedrich Schiller erhielt von seinem Freund Johann Wolfgang von Goethe ein Buch, das ihn zu dieser Ballade anregte.
Kannst du nachvollziehen, was Schiller an der Geschichte des Möros berührte?
Schreib auf, was er den Leserinnen und Lesern mit dieser Ballade möglicherweise mitteilen wollte.

____

____

____

____

____

Shutterstock / twoandonebuilding

Goethe-Schiller-Denkmal in Weimar

Gefüllte Kalbsbrust

1. Du siehst das Wort „Freunde“, einmal von oben nach unten geschrieben, und einmal von unten nach oben. Die Lücken zwischen dem Anfangs- und dem Endbuchstaben sollst du mit einem beliebigen Nomen füllen.

   Mit einer Partnerin oder einem Partner zu spielen, macht übrigens mehr Spaß.

   Gewonnen hat, wer zuerst alle Lücken ausgefüllt hat.

F____**E**

R____**D**

E____**N**

U____**U**

N____**E**

D____**R**

E____**F**

2. Ihr könnt auch andere Wörter verwenden und die Regeln ändern. Die Länge der gefundenen Wörter könnte zum Beispiel entscheidend sein für den Gewinn des Spiels.

Joanne K. Rowling

Harry Potter

Shutterstock / Olga Konakova

Wer kennt ihn nicht, den Jungen mit den runden Brillengläsern und der blitzförmigen Narbe auf der Stirn? Harry Potter ist ein Zauberer. Das erfährt er erst, als er an seinem 11. Geburtstag abgeholt wird, um im Internat Hogwarts die Zauberkunst zu erlernen. Dort trifft er Ron und Hermine, die ihm in den sieben gemeinsamen Schuljahren in seinem Kampf gegen die dunklen Mächte beistehen. Ohne seine Freunde würde es Harry nicht gelingen können, den „Dunklen Lord" zu besiegen.

Um Voldemort zu vernichten, müssen die drei Freunde an verschiedenen Orten Horkruxe suchen, Gegenstände, in denen der „Dunkle Lord" Teile seines Lebens versteckt hat. Diese müssen vernichtet werden, was nur mit dem Gryffindor-Schwert geschehen kann. Leider hat Harry zunächst keine Ahnung, wo die Horkruxe zu finden sind, und auch die Suche nach dem Schwert gestaltet sich schwieriger als erwartet. Darüber ist Ron so verärgert, dass er die beiden Freunde verlässt.

Als Harry am nächsten Tag erwachte, dauerte es einige Sekunden, bis ihm wieder einfiel, was geschehen war. Dann hoffte er wie ein Kind, alles wäre ein Traum gewesen, Ron wäre noch da und nie fortgegangen. Doch wenn er nur den Kopf auf dem Kissen drehte, konnte er Rons verlassene Schlafstelle sehen. Es war, als ob sie seinen Blick auf sich ziehen würde wie eine Leiche. Harry sprang von seinem Bett hinunter und vermied es, zu dem von Ron zu schauen. Hermine, die sich bereits in der Küche zu schaffen machte, wünschte Harry nicht guten Morgen, sondern wandte rasch das Gesicht ab, als er vorbeiging.

Er ist weg, sagte sich Harry. *Er ist weg*. Während er sich wusch und anzog, musste er das denken, immer wieder, als würde der

Schock darüber durch die Wiederholung abgeschwächt. *Er ist weg und er kommt nicht zurück*. Und das war die schlichte Wahrheit, wie Harry wusste, denn ihre Schutzzauber würden es Ron unmöglich machen, sie wiederzufinden, sobald sie ihren jetzigen Aufenthaltsort verlassen hatten.

Er und Hermine frühstückten schweigend. Hermines Augen waren verschwollen und rot; sie sah aus, als ob sie nicht geschlafen hätte. Während sie ihre Sachen packten, trödelte Hermine. Harry wusste, warum sie ihre Zeit am Flussufer in die Länge ziehen wollte; mehrmals sah er sie erwartungsvoll aufblicken, und er war sicher, dass sie sich eingeredet hatte, im prasselnden Regen Schritte gehört zu haben, doch keine rothaarige Gestalt tauchte zwischen den Bäumen auf. Harry folgte jedes Mal ihrem Blick (denn unwillkürlich hoffte er selbst ein wenig), und wenn er sich umwandte und nichts als vom Regen gepeitschte Bäume sah, packte ihn erneut ein Anflug von Wut. Er hörte Ron dann sagen: *„Wir dachten, du wüsstest, was du tust!"*, und fing mit einem festen Knoten im Bauch wieder an zu packen.

Der trübe Fluss neben ihnen schwoll rasch an und würde bald ihr Ufer überschwemmen. Sie waren eine gute Stunde länger an ihrem Lagerplatz geblieben, als sie es sonst für gewöhnlich taten. Hermine packte die Perlentasche drei Mal völlig neu und fand dann offenbar keine Gründe mehr, ihre Abreise noch länger zu verzögern: Sie und Harry nahmen sich bei der Hand, disapparierten und tauchten auf einem windzerzausten, mit Heidekraut bewachsenen Hang wieder auf.

Sobald sie angekommen waren, ließ Hermine Harrys Hand los und ging von ihm weg zu einem großen Felsen, wo sie sich, das Gesicht auf den Knien, hinsetzte und sich heftig schüttelte – vor lauter Schluchzen, wie Harry wusste. Er beobachtete sie und meinte hingehen sie trösten zu müssen, doch aus irgendeinem Grund blieb er wie angewurzelt stehen. Alles in ihm fühlte sich kalt und verkrampft an: Er sah wieder Rons verächtlichen Gesichtsausdruck. [...]

Er konnte es vor sich selbst nicht verbergen: Ron hatte recht gehabt. Dumbledore hatte ihm so gut wie nichts hinterlassen. Sie hatten einen Horkrux entdeckt, aber sie hatten nicht die Mittel, ihn zu zerstören: Die anderen waren genauso unerreichbar, wie sie es schon immer gewesen waren. Hoffnungslosigkeit drohte ihn zu überwältigen. Ihm wurde jetzt schwindelig, wenn er daran dachte, wie vermessen es von ihm gewesen war, das Angebot seiner Freunde anzunehmen, ihn auf dieser mäandernden, sinnlosen Reise zu begleiten. Er wusste nichts, er hatte keine Ideen, und er wartete ständig gequält auf erste Anzeichen dafür, dass ihm auch Hermine bald sagen würde, dass sie genug hätte, dass sie gehen würde. […]

Doch Hermine steht ihrem Freund Harry Potter weiterhin mit Rat und Tat zur Seite. Allerdings nicht in der Nacht, in der Harry das Schwert von Gryffindor findet, mit dem die Freunde die Horkruxe zerstören können. Als Hermine schläft, schleicht er sich aus dem Zelt und folgt einer weißen Hischkuh, deren helles silbernes Licht ihn zu einem Weiher mitten im Wald führt. Auf dem Grund liegt das Gryffindor-Schwert.
Es ist Winter und der Weiher ist zugefroren. Harry zieht seine Kleider bis auf die Unterwäsche aus und steigt in das eiskalte Wasser.

Die Kälte war tödlich: Sie überfiel ihn wie Feuer. Selbst sein Gehirn schien gefroren zu sein, als er durch das dunkle Wasser zum Grund hinabstieß und mit der ausgestreckten Hand nach dem Schwert tastete. Seine Finger schlossen sich um den Griff; er zog es nach oben.
Dann schloss sich etwas fest um seinen Hals. Er dachte an Schlingpflanzen, obwohl ihn nichts gestreift hatte, als er hinuntergetaucht war, und hob seine leere Hand, um sich zu befreien. Es war keine Schlingpflanze: Die Kette des Horkruxes hatte sich zusammengezogen und schnürte allmählich seine Luftröhre ab. Harry strampelte wild, versuchte sich zurück an die Oberfläche zu stoßen, trieb aber nur auf die steinige Seite des Weihers zu. Um sich schlagend und nah am Ersticken, zerrte er an der Kette, die ihn strangulierte, doch seine eisigen Finger konnten sie nicht lockern, und jetzt tauchten kleine Lichter in seinem Kopf auf, und er würde gleich ertrinken, es gab nichts mehr, nichts, was er tun konnte, und die Arme, die sich um seine Brust schlangen, waren sicher die des Todes …

Würgend und spuckend, klatschnass und frierend, wie er noch nie im Leben gefroren hatte, kam er zu sich, mit dem Gesicht im Schnee. Irgendwo in der Nähe keuchte und hustete und wankte noch jemand umher. Hermine war wieder gekommen, so wie sie gekommen war, als die Schlange angegriffen hatte … doch es hörte sich nicht nach ihr an, nicht dieses starke Husten, nicht diese schweren Schritte …

Harry hatte nicht die Kraft, den Kopf zu heben und nachzusehen, wer sein Retter war. Er konnte nichts weiter tun, als eine zittrige Hand an seine Kehle zu führen und die Stelle zu betasten, wo das Medaillon tief in sein Fleisch geschnitten hatte. Es war weg: Jemand hatte ihn befreit. Dann ertönte über seinem Kopf eine keuchende Stimme.

„Bist – du – *verrückt?*"

Nur der Schreck, diese Stimme zu hören, konnte Harry die Kraft gegeben haben, sich aufzurichten. Haltlos schlotternd und schwankend erhob er sich. Da, vor ihm, stand Ron, ganz angezogen, aber nass bis auf die Haut, die Haare klebten ihm im Gesicht, er hielt das Schwert Gryffindors in der einen und den Horkrux, der an seiner zerrissenen Kette baumelte, in der anderen Hand.

„Warum zur *Hölle*", keuchte Ron und hob den Horkrux empor, der an seiner verkürzten Kette vor und zurück schwang wie beim Versuch einer Hypnose, „warum zur Hölle hast du dieses Ding nicht abgelegt, bevor du reingesprungen bist?"

Harry konnte nicht antworten. Die silberne Hirschkuh war nichts, nichts im Vergleich zu Rons Wiedererscheinen, er konnte es nicht glauben. Schaudernd vor Kälte nahm er den Haufen Kleider hoch, die noch am Rand des Weihers lagen, und begann sich anzuziehen. Während er sich einen Pullover nach dem anderen über den Kopf zog, starrte er Ron an, und immer wenn er ihn kurz nicht sah, rechnete er schon fast damit, dass er wieder verschwunden war, und doch musste es der echte Ron sein: Er war gerade in den Weiher gesprungen, er hatte Harry das Leben gerettet. […]

Harry […] zog einen letzten Pulli an, bückte sich, hob Hermines Zauberstab auf und und wandte sich wieder Ron zu.

„Wie kommt es, dass du hier bist?“

Offenbar hatte Ron gehofft, dass das später zur Sprache kommen würde, wenn überhaupt.

„Also, ich bin – na ja – ich bin zurückgekommen. Falls …“

Er räusperte sich. „Na ja. Du mich noch haben willst.“

Eine Stille trat ein, und die Tatsache, dass Ron weggegangen war, baute sich wie eine Mauer zwischen ihnen auf.

1 Was glaubst du: Wie werden Harry und Hermine auf Rons Rückkehr reagieren? Schreibe auf, was du vermutest.

2 Das Motiv der Freundschaft macht den Erfolg von vielen Büchern, Filmen und Serien aus. Kennst du andere Geschichten, bei denen die Freundschaft im Vordergrund steht? Sammelt Beispiele und sprecht in der Klasse darüber.

3 Fällt dir selbst ein Erlebnis ein, bei dem dein Freund oder deine Freundin eine wichtige Rolle gespielt hat? Schreibe die Geschichte in dein Heft.

4 Gestalte die Seite.

Zum Ende

1 Du hast in vielen verschiedenen Texten erfahren, was Freundschaft ausmacht. Manche Texte waren Sachtexte, manche literarische Texte.
Welcher Text hat dir persönlich am besten gefallen?
Verschaffe dir einen Überblick, indem du das Leseheft von vorne bis hinten durchblätterst und sowohl den Titel als auch die Textart in die folgende Tabelle einträgst. Das Vorwort und die Zitate darfst du auslassen.

Titel des Textes	Textart

2 An welchen dieser Texte denkst du am liebsten zurück? Begründe.

Der Text mit dem Titel

____

hat mir am besten gefallen, weil

____

____

____

____